Xing Shu

I GING

Das Praxisbuch

Aus dem Chinesischen von Aljoscha A. Schwarz

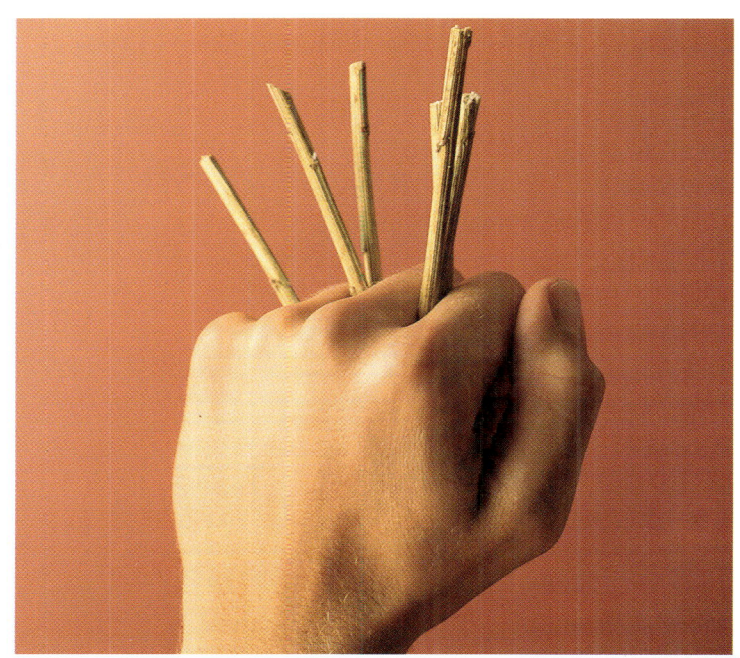

LUDWIG

6 Würfe   3/3

Schrift * yang

Bild ∞ yin

Inhalt

Lao Tse nutzte die Inspiration aus dem I Ging – unter anderem für sein Werk Tao te King.

*Weisheit befreit vom Zweifel,
Tugend befreit vom Leid, Ent-
schlossenheit befreit von Furcht.
Konfuzius, Lun Yü, IX, 28*

I Ging für Fortgeschrittene   30

Was ist das I Ging?

Abgesehen von der Bibel und dem Koran ist das I Ging (Aussprache: i dsching) wohl das einflussreichste Buch der Welt: Es hat China seit Tausenden von Jahren bis auf den heutigen Tag geprägt. Selbst Mao Tse-tung berief sich indirekt immer wieder auf dieses Buch, das schon so uralt ist und bis heute nichts von seiner Aktualität verloren hat. Und trotzdem kennen im Westen nur wenige Menschen das I Ging, und von diesen machen nur sehr wenige aktiv davon Gebrauch. Im Gegensatz zu den oben erwähnten anderen Büchern, die die Entwicklung der Menschheit stark beeinflusst haben, ist das I Ging – was ins Deutsche übersetzt in etwa »Buch der Wandlungen« heißt – keine religiöse Schrift. Sie erhebt auch nicht den Anspruch, »heilig« oder »göttlich« zu sein. Und dennoch spielte sie in China über die Jahrtausende hinweg eine enorme Rolle.

Das I Ging ist eines der einflussreichsten Bücher der gesamten Weltliteratur. Auch C.G. Jung und Hermann Hesse ließen sich vom I Ging inspirieren.

Das I Ging – mehr als ein Weissagungsbuch

Ursprünglich und in erster Linie ist das I Ging ein Weissagungsbuch, das nicht, wie die Astrologie, eine unabänderliche Zukunft vorhersagt, sondern Möglichkeiten aufzeigt und angemessene Handlungsvorschläge gibt. Es basiert auf 64 symbolischen Hexagrammen (griechisch hexa = sechs), von denen jedes aus einem Paar Trigrammen (griechisch tris = drei) besteht, die wiederum aus drei parallelen Linien bestehen. Diese Linien können entweder »fest«, also durchgezogen sein und Yang, das aktive Prinzip, symbolisieren, oder sie können als unterbrochene Linie Yin, das passive Prinzip, repräsentieren. Das System von Yin und Yang orientiert sich an der altchinesischen Kosmologie, die alle Phänomene mit der periodischen Ab- und Zunahme der Energie von Himmel (Yang) und Erde (Yin) erklärte.
Prinzipiell sind die Gegensätze in der chinesischen Philosophie jedoch nur bei einseitiger Betrachtungsweise voneinander getrennt, so wie die beiden

Seiten einer Münze, die dennoch nur eine Münze ist. Das Begriffspaar Yin und Yang bezeichnet die Gegensätze im Allgemeinen, deutet aber gleichzeitig auch ihre Einheit an. Man kann Yin und Yang in den Polen sehen: heiß und kalt, männlich und weiblich, Tag und Nacht usw. Die Pole schließen einander nicht aus, sondern bedingen einander.

Das T'ai Chi ☯ ist das Symbol, das die Einheit von Yin und Yang visuell eindrucksvoll verdeutlicht. Es lohnt sich, dieses Symbol einmal genauer zu betrachten: Schwarz und Weiß sind in ständiger Bewegung, eines ist nicht nur im anderen enthalten, sondern ist auch Voraussetzung für das andere.

Die 64 Hexagramme oder Bilder des I Ging (siehe Seite 15ff.) ergeben sich aus allen möglichen Kombinationen der acht möglichen Trigramme, von denen jedes die Bezeichnung eines natürlichen Phänomens und eine besondere Bedeutung trägt (Näheres zu den Trigrammen finden Sie im letzten Teil des Buches, Seite 87ff.). Auch die einzelnen Linien der Bilder tragen Bedeutung, denn sie können beweglich oder unbeweglich sein und befinden sich daher in einem angenommenen ständigen Wechsel. In dieser Bewegung manifestiert sich die zyklische Ordnung des Universums.

Hier wird schon deutlich, dass das I Ging mehr als ein Orakel ist. Tatsächlich wurde es praktisch auf alle Bereiche des chinesischen Denkens angewandt und als moralischer, philosophischer, mathematischer, psychologischer und kosmologischer Text verstanden.

In den sechs Linien der I Ging Hexagramme bildet sich das Wechselspiel der polaren Grundkräfte Yin und Yang ab.

Das uralte Orakel aus dem Reich der Mitte

Es liegt auf der Hand, dass ein so umfassendes System wie das I Ging wohl kaum von einem einzelnen Menschen erfunden worden sein kann, und in der Tat ist das Orakel das Ergebnis einer langen geschichtlichen Entwicklung. Die chinesische Legende erzählt es so: Der sagenumwobene göttliche Kaiser Fu hsi, dessen Regierungszeit auf 2400 v. Chr. datiert wird, entdeckte die acht Trigramme einst auf dem Rücken einer heiligen Schildkröte und gab sie an die Weisen unter den Menschen weiter, damit sie dem Volk Nutzen bringen mögen.

Während der Kaiser Fu hsi historisch nicht nachweisbar ist, so deuten doch die ersten Belege für das I Ging auf eine sehr frühe Periode der chinesischen Geschichte hin.

Aus der Shang-Dynastie, der ältesten historisch und archäologisch gesicherten Kaiserdynastie in China (ca. 1700 bis 1050 v. Chr.), stammen nicht nur der chinesische Kalender und die ersten schriftlichen Zeugnisse, sondern auch die ersten Nachweise für ein ausgeprägtes Orakelwesen. Für Weissagungen durch Orakel waren damals Priester-Gelehrte verantwortlich, die einen überaus hohen Rang in der Gesellschaft einnahmen und großes Ansehen genossen. Die Fragen über Ackerbau, Witterung oder Kriegszüge, die diese Weisen beantworten sollten, wurden in die Bauchplatten von Schildkröten eingeritzt. Die Methode, daraus das Orakel zu lesen, bildet wohl auch den historischen Kern der Legende über die Entdeckung der acht Trigramme durch den Kaiser Fu hsi: Nachdem die Fragen in die Schildkrötenpanzer geritzt worden waren, brannten die Wahrsager Löcher in die Panzer; die dabei entstehenden Risse wurden dann untersucht und gedeutet – wahrscheinlich der Ursprung der Linien des I Ging.

Wie wichtig das Orakelwesen in der Shang-Dynastie war, lässt sich aus der Tatsache ablesen, dass bei archäologischen Ausgrabungen in der Nähe von

Die Ursprünge des I Ging liegen über 3500 Jahre in der Vergangenheit und sind damit so alt wie die Geschichte Chinas.

Im alten China waren Priester für die Deutung der Orakel zuständig. Ihr gesellschaftlicher Rang war hoch, denn ihre Weissagungen waren sehr wichtig für die Gesellschaft.

Anyang über 100 000 Orakeltexte aus dieser Zeit gefunden wurden. Sie bestehen aus rund 4 500 Schriftzeichen, von denen bislang nur ein geringer Teil entziffert werden konnte.

Die ersten Orakel wurden nur mit Ja oder Nein beantwortet; eine gerader Riss —— wäre als Ja, ein unterbrochener Riss — — als Nein interpretiert worden.

Doch wahrscheinlich ergab sich schon bald der Wunsch nach differenzierteren Aussagen, und es wurden zwei Striche zusammen betrachtet, woraus sich schon vier Kombinationen ergaben. ═══ ══ ══ ══

Nun war es nur noch ein kleiner Schritt bis zu den 64 Bildern des I Ging: Ein dritter Strich kam hinzu, wodurch sich die acht Trigramme ergaben, und aus jeweils zwei dieser Trigramme sind die 64 Hexagramme zusammengesetzt. Die Chou-Dynastie (1050 bis 249 v. Chr.), welche die Shang-Dynastie ablöste, kannte wahrscheinlich bereits ein »Ur-I Ging«. Die ältesten Teile des Buches werden von heutigen Gelehrten jedenfalls bis in die Anfänge der Chou-Dynastie zurückdatiert. Der Gelehrte Wen Wang (ca. 1150 v. Chr.) soll die ursprünglichen Hexagramme bereits um moralische Ratschläge erweitert haben. Aber erst Konfuzius und seine Schüler fügten später die philosophischen Kommentare hinzu, die es zu dem Werk machen, das wir heute als I Ging kennen.

Das I Ging entwickelte sich aus dem Schildkrötenorakel, das nur die Antworten Ja oder Nein kannte.

Konfuzius und Lao Tse

Wie Aristoteles das Denken der westlichen Welt durch seine Philosophie geprägt hat, so hat Konfuzius das chinesische Denken durch seine Neuordnung und Kommentierung des I Ging beeinflusst – und somit immerhin das Denken etwa eines Viertels der gesamten Erdbevölkerung. Neben Buddha und Lao Tse gilt Konfuzius als der größte Philosoph des Ostens. Daher soll er hier kurz vorgestellt werden.

Im Jahre 551 v. Chr. wurde in Chü-fou, im Fürstentum Lu, der heutigen Provinz Shandong im Nordosten Chinas, Chiu Kung geboren, der als Kung (fu)tse – d. h. Meister Kung – der einflussreichste Denker Chinas werden sollte. Schon früh zeichnete sich ab, dass von diesem Knaben wohl etwas

Besonderes zu erwarten wäre. So ist überliefert, dass er als Kind schon von den alten Bräuchen fasziniert war; sein Lieblingsspiel soll die Nachahmung der überlieferten, hochkomplizierten Opferriten gewesen sein. Auch sein ganzes weiteres Leben widmete er dem Lebensideal des chinesischen Altertums.

Konfuzius war äußerst fleißig, ja, er machte das Lernen geradezu zu seinem Lebensprinzip. Im Alter von 15 Jahren soll er bereits gesagt haben: »Mein Ziel ist das Lernen«. Er sammelte jedoch nicht einfach Faktenwissen, sondern nahm es in sein Wesen auf. Dabei eignete er sich nicht nur das gesamte Wissen seiner Zeit an, sondern seine große Leistung war, dass er vor allem die Zusammenhänge sah. Wissensgebiete, die bislang Spezialisten vorbehalten waren, vereinte er zu einem großen Ganzen. Als Konfuzius etwa 20 Jahre alt war, hatte er sich bereits einen Ruf unübertroffener Gelehrsamkeit erworben, und aus den entferntesten Teilen des großen chinesischen Reiches kamen Schüler zu ihm, um von seinem unerschöpflichen Wissen zu profitieren. Konfuzius kannte alle alten Quellen, die in der damaligen Zeit zur Verfügung standen – unter anderem das I Ging –, und baute auf ihnen auf. Dabei ging es ihm um zweierlei: um die Kultivierung der Persönlichkeit und um die Formen des gesellschaftlichen Zusammenlebens.

Konfuzius reiste viel im Laufe seines Lebens. Bei einer dieser Reisen fand eine denkwürdige Begegnung statt: Konfuzius und Lao Tse, die beiden großen Philosophen, trafen aufeinander. Konfuzius suchte den »Alten Meister« auf, sprach mit ihm und holte sich bei ihm Rat. Lao Tse hatte jedoch eine völlig andere Auffassung von Weisheit als Meister Kung. Die beiden Denker hatten wenig gemeinsam, und Konfuzius ging seinen eigenen Weg weiter. Doch Lao Tse muss ihn stark beeindruckt haben – trotz aller Differenzen: »Von den Vögeln weiß ich, dass sie fliegen; von den Fischen, dass sie schwimmen; vom Wild, dass es laufen kann. Doch vom Drachen verstehe ich nicht, wie er auf Wolken durch den Himmel fährt. Heute habe ich Lao Tse gesehen – ich glaube, er gleicht dem Drachen!« Li Pohyang, der später den Ehrennamen Lao Tse, d. h. »Alter Meister« erhielt, wurde etwa 20 Jahre vor Konfuzius in der Provinz Tschou, im heutigen Hunan geboren. Über seine Jugend, seine Erziehung und Lehrer ist nichts bekannt. Wir wissen nur, dass er eines der größten Werke der Weltliteratur, das »Tao te King« (Das Buch von der Kraft des Tao) geschrieben hat und als der Begründer des Taoismus gilt.

Konfuzius (551–479) gilt als der größte Gelehrte des alten China. Er ordnete und kommentierte die Orakelsprüche des I Ging.

Das Tao te King beginnt mit den Worten:
Könnten wir das Tao erklären,
wäre es das Tao nicht. Könnten wir das Tao benennen,
wäre es nicht der Name des Tao.

Das Tao – wörtlich: der Weg – ist ein nicht weiter analysierbarer Begriff. Erkennen kann man es dennoch; durch meditative Betrachtung der Natur. Sogar »lehren« kann man das Tao: Allerdings nicht durch Erklärungen, sondern durch Paradoxa oder Poesie. (Eines dieser Paradoxa besteht darin, dass Lao Tse über 5000 Worte verwandte, um seine Lehre von der Wortlosigkeit zu verkünden.)

Seit jeher war Konfuzius der Lieblingsphilosoph der Gelehrten und Beamten, während Lao Tse eher Künstler und Mystiker ansprach und beeinflusste.

9

Das I Ging war für den Philosophen Lao Tse eine Quelle der Inspiration, die er für sein Werk Tao te King nützte.

Der Einfluss des I Ging auf Konfuzius und Lao Tse

So unterschiedlich die Lehren von Lao Tse und Konfuzius auch waren: Beide waren vom I Ging beeindruckt und wurden von ihm beeinflusst, zwar jeder auf seine Art, aber beide gebrauchten es als Weisheits-, nicht als Orakelbuch. Lao Tse wurde durch das I Ging zu den tiefgründigen, zutiefst poetischen und mystischen Worten des Tao te King inspiriert; Konfuzius systematisierte und kommentierte das alte Wissen.

In seinen letzten Lebensjahren erlebte Konfuzius seine zweite große Zeit. Endlich konnte er sein Lebenswerk, die Herausgabe der »Fünf Edlen Bücher« der alten Schriften, die er geordnet und kommentiert hatte, vollenden. Wohlgemerkt: Konfuzius hat die »Fünf Edlen Bücher« nicht erfunden, doch ohne ihn wären sie vermutlich verloren gegangen. Unter diesen Schriften ist das bedeutendste und bekannteste Werk das I Ging, das »Buch der Wandlungen«, von dem Meister Kung am Ende seines Lebens sagte: »Wenn mir doch nur noch einige Jahre blieben, das Studium des I Ging zu vollenden, so könnte ich es vielleicht dahin bringen, frei von großen Fehlern zu sein.« Das I Ging, wie wir es heute kennen, ist im Wesentlichen das I Ging, das Konfuzius herausgegeben und kommentiert hat.

Das I Ging befragen

Die einfachste Methode, das I Ging-Orakel zu befragen, besteht darin, sechs-mal eine Münze zu werfen. Die Schriftseite der Münze ist Yin, die Bildseite Yang. Jedes Yin wird durch eine gebrochene, jedes Yang durch eine durchge-zogene Linie dargestellt.

Schriftseite ★: ── ──
Bildseite ☯: ─────

Das sechsteilige Orakelbild (Hexagramm) wird von unten nach oben aufge-baut. Nehmen wir an, Sie haben die Münze nun sechsmal geworfen:

1. Wurf: ★   4. Wurf: ☯
2. Wurf: ★   5. Wurf: ★
3. Wurf: ☯   6. Wurf: ☯

Das Bild (Hexagramm), das sich daraus ergibt, sieht dann so aus:

Diese Methode können Sie anwenden, wenn Sie das Orakel kurz befragen und einen Hinweis für eine konkrete Situation erhalten wollen.

Wenn Sie allerdings das Bild selbst interpretieren möchten, die Wandlungen, die es beinhaltet, erforschen oder auch nur auf traditionellere Art und Weise vorgehen wollen, so finden Sie eine Anleitung dazu im Kapitel »I Ging für Fortgeschrittene« (siehe Seite 80ff.) nach der Interpretation der 64 Bilder. In diesem Kapitel erfahren Sie, wie Sie das Orakel auf traditionelle Weise, so wie es noch heute in China praktiziert wird, befragen. Auch dafür gibt es zwei Methoden, eine einfachere und eine relativ komplizierte.

Die kompliziertere Methode ist das Schafgarbenorakel, das die ursprüngliche Form des Orakelnehmens (siehe Seite 6) wahrscheinlich bereits gegen Ende der Shang-Dynastie (ca. 1700 bis 1050 v. Chr.) ablöste. Die einfachere Metho-de wird mit drei Münzen durchgeführt.

Es gibt mehrere Möglichkeiten, das I Ging zu befragen: Das sechsfache Wer-fen einer Münze ist die Methode, die zum Kennenlernen des I Ging am besten geeignet ist.

Die Kunst, die richtige Frage zu stellen

Ein gute Frage ist mindestens ebenso wichtig und wertvoll wie eine gute Antwort. Allein durch das klare Formulieren einer Frage wird sich für den Fragenden oft schon ein Teil klären lassen. Zu einer guten Frage gehört nicht nur eine klare Formulierung, sondern insbesondere auch ein klarer, offener Geist, um die rechte Frage in sich zu finden. Deshalb versenken sich die Orakelnehmer in China auch in eine Art Trance, bevor sie das Orakel befragen, und sie öffnen die Tore ihres Unterbewusstseins möglichst weit, um die beste Frage zu finden und die Antwort voll und ganz in sich aufnehmen zu können.

Um aus den Antworten des I Ging möglichst viel Nutzen für sich ziehen zu können, sollten Sie kurz meditieren oder sich zumindest tief entspannen. Bereiten Sie sich beispielsweise in aller Ruhe eine Tasse Tee, setzen Sie sich still in einen Raum, in dem Sie ungestört bleiben, und horchen Sie einige Minuten lang in sich hinein, bevor Sie die Frage stellen und schließlich das Orakel nehmen.

Nehmen Sie sich ausreichend Zeit dafür, sich Ihre Frage an das Orakel zu überlegen. Eine gute Antwort benötigt eine gute Frage!

Der richtige Umgang mit dem I Ging

Im Hauptteil ab Seite 16 finden Sie die 64 Hexagramme oder Bilder des I Ging und die entsprechenden Erläuterungen.

Unter der chinesischen und der deutschen Bezeichnung des Bildes steht zunächst das »Urteil« – dies ist der eigentliche Orakelspruch. In seiner Symbolik und Allgemeinheit ist er jedoch für Menschen, die nicht mit der chinesischen Begriffswelt vertraut sind, nicht immer leicht zu verstehen.

Aus diesem Grunde habe ich für Sie das Urteil unter vier verschiedenen Aspekten ausgelegt:

- Das Leben
- Der Beruf/die Finanzen
- Die Liebe
- Die Gesundheit

Hier wird das Urteil zu dem betreffenden Aspekt konkreter und verständlicher. Wichtig ist, dass Sie das Urteil (und seine Interpretationen für die vier Lebensbereiche) als das verstehen, was es ist: eine gedankliche Anregung, ein

Hinweis auf Möglichkeiten und Chancen, Motivation und Mahnung zur Vorsicht – niemals aber eine unabänderliche Vorhersage! Dies wäre ganz entgegen dem Sinn des I Ging, des »Buchs der Wandlungen«. Alles ist im Wandel begriffen, alles verändert sich. Um sich in dieser Welt der stetigen Veränderung zurechtzufinden, kann das I Ging immer wieder eine wertvolle Hilfe sein. Doch es ist keine Hilfe zur Flucht aus der Realität, keine simple Möglichkeit, seine Verantwortung auf ein unabänderliches Schicksal abzuwälzen. Wenn Sie das I Ging als Ratgeber sehen, der die ungeheuren Kräfte Ihres Unterbewusstseins aktiviert und Sie dabei unterstützt, Ihre eigenen Energien zu gebrauchen, so sind Sie auf dem besten Wege.

Es nimmt nämlich nicht nur Ihr Bewusstsein die Worte des Orakels auf, sondern ebenso Ihr Unterbewusstsein. Während Sie sich dessen möglicherweise gar nicht bewusst sind, arbeitet Ihr Geist an der Interpretation der Orakelsprüche, sucht nach Lösungen und Antworten, die sich dann irgendwann, wenn Sie es vielleicht am wenigsten erwarten, ihrem Bewusstsein als Inspiration oder plötzlich aufblitzender Einfall präsentieren. Denken Sie daran, dass Bewusstsein und Unterbewusstsein einem Eisberg gleichen: Nur ein kleiner Teil des Ganzen ist an der Oberfläche zu sehen, der größte Teil liegt unter der Oberfläche verborgen.

Die Antworten des I Ging aktivieren Ihr Unterbewusstsein und helfen Ihnen, sich selbst zu helfen.

Alles ist im Wandel, nichts bleibt, wie es ist – auch wenn die Landschaft scheinbar fest gefügt ist. Aus dieser Erkenntnis speist sich das I Ging.

Die 64 Bilder

Wenn Sie nun Ihr Bild ermittelt haben, können Sie den Spruch des Orakels, der dazu gehört, anhand der unterstehenden Tabelle in diesem Teil des Buches nachschlagen. Sehen Sie sich die oberen drei Linien (das obere Trigramm) an, und vergleichen Sie es mit den acht Trigrammen, die in der obersten Reihe der Tabelle stehen. Haben Sie es gefunden, suchen Sie nun das untere Trigramm Ihres Bildes in der ersten Spalte. An der Stelle der Tabelle, wo sich die beiden Trigramme treffen, finden Sie die Zahl der Seite, auf der Sie das Orakel zu Ihrem Bild finden.

Ein Beispiel: Ihr Bild ist ䷊ (T'ai).

Der obere Teil des Bildes ist demnach ☷ Dieses Trigramm finden Sie in der letzten Spalte. Das untere Trigramm ☰ steht in der ersten Zeile. Am Schnittpunkt von Zeile und Spalte finden Sie die Zahl 26, die Zahl der Seite, auf der Sie nachschlagen müssen.

Wenn Sie die beiden Trigramme oben und unten ermitteln und in der Tabelle suchen, finden Sie die Seite, auf der Sie nachschlagen müssen, um Ihr Orakel zu finden.

oben / unten	☰	☳	☵	☶	☷	☴	☲	☱
☰	16	24	29	58	41	20	49	26
☳	59	72	65	43	33	63	47	61
☵	28	52	45	64	37	78	70	51
☶	25	76	53	73	56	75	69	34
☷	48	68	71	46	67	54	77	30
☴	21	74	79	62	19	44	55	22
☲	40	57	36	32	42	18	66	39
☱	27	35	50	60	38	23	31	17

☰ Kien – Das Schöpferische

Neues zu schaffen ist erhaben,
Und es führt zu Erfolg.
Wenn Beharrlichkeit hinzukommt,
Wird es sehr förderlich sein.

Das Leben

Kreativität ist ein wichtiger Bereich im Leben eines jeden glücklichen Menschen. Jeder kann sein Leben durch Kreativität und Phantasie bereichern, nicht etwa nur Künstler. Manche Menschen glauben von sich, sie seien phantasielos – dabei übersehen sie aber, dass auch die Phantasie durch Übung gefördert wird.

Der Beruf/die Finanzen

Kenne das Männliche, bewahre das Weibliche, werde zum Fluss. Bist du ein Fluss, verlässt dich niemals die Kraft – dies ist die Rückkehr zur Kindheit.
Lao Tse, Tao te King, 28

Um im Beruf und im Geschäftsleben erfolgreich zu sein, sind Phantasie und Einfallsreichtum meist besser als »harte Arbeit«. Denken Sie einmal darüber nach, wie Sie durch mehr Kreativität beruflich vorankommen könnten. Das muss sich nicht unbedingt auf die Steigerung der Produktivität beziehen – wenn Sie Ihre Phantasie aktivieren, können Sie auch mehr Freude an Ihrer Arbeit gewinnen.

Die Liebe

Damit die Liebe so lange wie möglich lebendig bleibt, ist es wichtig, dass Sie etwas Phantasie einbringen. Das müssen nicht ausgefallene Sexualpraktiken sein – aber in irgendeiner Hinsicht sollte immer wieder ein neuer Funke die Liebe entzünden.

Die Gesundheit

Konservative Vorstellungen von Gesundheit und Krankheit erweisen sich oft nicht als hilfreich. Probieren Sie doch einmal neue Wege aus. Wichtig ist es zu erkennen, welche Botschaften die Krankheit vermittelt – und dazu braucht es ein wenig Intuition und Phantasie. Wichtig sind aber immer auch Geduld und Beharrlichkeit.

K'un – Das Annehmen

Anzunehmen mit beharrlichem Sanftmut bringt den Erfolg.
Übergroßes Wollen steht dem edlen Menschen im Weg,
folgt er indes nach, so wird er Anleitung finden.
Freunde sind hilfreich, doch gilt es, unabhängig zu bleiben.

Das Leben

Manchmal ist es von großem Vorteil, sich selbst nicht allzusehr in den Vordergrund zu stellen. Stattdessen sollte man sich Vorbilder suchen, die einem helfen können, seinen Weg zu finden. Freundschaft ist sehr wichtig im Leben, aber bei Lebensentscheidungen sollte man sich nicht von seinen Freunden abhängig machen.

Der Beruf/die Finanzen

Vielleicht haben Sie eine gute Geschäftsidee und wollen diese am liebsten sofort verwirklichen. Oft ist es aber sinnvoll, sich erst einmal bei erfahrenen und erfolgreichen Menschen zu informieren, bevor man etwas Neues beginnt. Freunde sind manchmal gute Ratgeber, aber trotzdem sollten Sie Freundschaft und Beruf strikt trennen.

Die Liebe

Nicht alles, was Sie sich in Liebesdingen in den Kopf gesetzt haben, ist gut für Sie – stellen Sie einmal Ihr Wollen in den Hintergrund, und öffnen Sie sich einfach für das, was von außen auf Sie zukommt. Dabei können Sie so manche positive Überraschung erleben. Machen Sie sich frei von den Vorurteilen Ihrer Freunde.

Die Gesundheit

Bemühen Sie sich, Ihre Krankheit zu akzeptieren und ihren Sinn zu erkennen, denn jede Krankheit trägt eine wertvolle Botschaft in sich, die Ihnen zeigen kann, was in Ihrem Leben verändert werden sollte. Die wohlgemeinten Ratschläge ihrer Freunde und Bekannten sollten Sie jedoch nicht allzu wichtig nehmen.

Nichts auf der Welt ist so weich und nachgiebig wie das Wasser. Doch überwindet es das Feste und Harte, wenn es darauf trifft. Das Schwache besiegt das Starke, das Weiche besiegt das Harte.
Lao Tse, Tac te King, 78

17

Chun – Der schwere Beginn

Der Anfang ist schwer, doch bringt er Erfolg.
Beharrlichkeit ist förderlich,
doch gilt es, Geduld zu bewahren.
Hilfe anzunehmen ist von Vorteil.

Das Leben

Neues anzufangen ist unabdinglich, wenn Sie im Leben große Ziele erreichen möchten. Leider lassen sich die meisten Menschen viel zu schnell davon entmutigen, dass der Anfang, wie das Sprichwort sagt, meist recht mühsam ist. Mit etwas mehr Ausdauer und Geduld ist der Erfolg jedoch nur noch eine Frage der Zeit.

Der Beruf/die Finanzen

Wer nicht auf das Kleine sieht, scheitert am Großen. Weil der Weise unbefangen das Ende im Anfang sieht, das Große im Kleinen, wird auch das Verfänglichste und Schwerste ihm leicht.
Lao Tse, Tao te King, 78

Lassen Sie sich von anfänglichen Schwierigkeiten nicht von Ihren Plänen abbringen; bleiben Sie bei der Stange, und geben Sie nicht zu früh auf. Sie sollten auf keinen Fall versuchen, alles ganz alleine zu tun – mit Menschen, die Ihnen dabei helfen, Ihre Ideen umzusetzen, kommen Sie mit Sicherheit schneller zum Ziel.

Die Liebe

Es lohnt sich, dass Sie sich um eine Beziehung, die es Ihnen wert ist, aufrichtig bemühen. Auch von anfänglichen Rückschlägen sollten Sie sich nicht entmutigen lassen – es braucht Zeit und Geduld, sich richtig kennen zu lernen. Hören Sie auf kompetente Ratgeber, die die Beziehung objektiver sehen können als Sie selbst.

Die Gesundheit

Verständlicherweise möchte jeder Mensch, der krank geworden ist, möglichst schnell seine Krankheit wieder loswerden – aber wahre Heilung benötigt etwas Zeit, gerade wenn es um ganzheitliche Naturheilverfahren geht. Lassen Sie sich nicht entmutigen, wenn eine Therapie nicht unmittelbar Erfolg zeigt.

Meng – Die Torheit der Jugend

Die jugendliche Torheit bringt Gelingen.
Doch suche nicht den jugendlichen Toren,
lass den jugendlichen Toren dich aufsuchen.
Eine Frage ist der Antwort wert, die zweite ist Belästigung.

Das Leben

Die Jugend hat viele Vorzüge: Kraft, Begeisterungsfähigkeit und Phantasie. Sicher begeht die Jugend auch so manche Torheit – aber Torheit und Weisheit sind meist nicht allzu weit voneinander entfernt! Es hat jedoch keinen Sinn, einer endgültig vergangenen Jugendlichkeit hinterherzulaufen: Besser ist es, sich für die Ideen und die Begeisterung der Jugend offen zu halten und von ihr zu lernen.

Der Beruf/die Finanzen

Erfahrung ist in vielen Berufen entscheidend – doch ohne die Frische der Jugend ist der allmähliche Untergang abzusehen. Hören Sie auf jüngere Berater, auch wenn manche ihrer Ideen nicht umzusetzen sind. Ehrgeizige junge Menschen werden Sie nicht suchen müssen, sondern sie werden von selbst zu Ihnen kommen.

Das Alte ehren und das Neue kennen: Dann kann man als Lehrer gelten.
Konfuzius,
Lun Yü, II, 11

Die Liebe

Die erste Liebe in der Jugend ist meist am schönsten. Aber die jugendlich verliebte Torheit ist vom Alter unabhängig. Es wirkt lächerlich, wenn jemand um jeden Preis versucht, jugendlich zu bleiben; doch die Jugendlichkeit des Herzens hält die Liebe jung.

Die Gesundheit

Eine junge Ärztin oder ein junger Heilpraktiker kennt manchmal neue Wege, die ein alter, erfahrener Doktor nicht kennt. Fördern Sie nicht Ihre Krankheitsängste, indem Sie jeden Befund nochmals von einem anderen Arzt überprüfen lassen; besser ist es, wenn Sie die richtigen Konsequenzen ziehen und Ihre Lebensweise überdenken.

19

䷄ Hsü – Das Warten

Warte ab und übe dich in Geduld:
Wenn du aufrecht und beharrlich bleibst,
wird dir freudiges Gelingen zuteil.
Großes Wasser zu überqueren ist förderlich.

Das Leben

Nur zu leicht verlieren wir in manchen Situationen die Geduld. Daraus kann jedoch niemals etwas Gutes entstehen. Bevor Sie überreagieren, halten Sie doch erst einmal kurz inne, und atmen Sie dreimal tief durch. Die dadurch gewonnene innere Ruhe erleichtert es Ihnen, die Ziele zu erreichen, die Sie in Ihrem Leben anstreben.

Der Beruf/die Finanzen

Wer auf schnellen Erfolg aus ist, wird nichts Rechtes erreichen; wer auf kleine Vorteile aus ist, wird nichts Großes zustande bringen.
Konfuzius,
Lun Yü, XIII, 17

Es ist weit besser, sich selbst treu zu bleiben und angestrebte Ziele mit Gelassenheit und Ausdauer zu verfolgen, als dem schnellen Erfolg hinterherzulaufen. Sinnvoll ist es, den Blick in die Ferne zu richten und daran zu denken, dass der Weg das Ziel ist. Unternehmen, die ein gewisses Risiko bergen, versprechen Erfolg.

Die Liebe

Die Liebe auf den ersten Blick, die von vielen ersehnt wird, erweist sich oft als trügerisch. Mehr scheinen zu wollen, als man ist und sein wahres Selbst zu verstecken, ist auf Dauer gesehen einer echten Liebe abträglich. Die tiefen, weiten Wasser der Seele des geliebten Menschen zu erforschen bringt Licht in das Leben.

Die Gesundheit

Eine Krankheit ist immer auch eine wichtige Botschaft der Seele. Es ist der wahren Heilung, d.h. der Heilung, die die Krankheit an ihrer Wurzel greift, nicht förderlich, die Symptome sofort unterdrücken zu wollen. Förderlich ist es, das dunkle Meer des Unterbewusstseins zu durchqueren, um zu sich selbst zu finden und wahrhaft heil zu werden.

20

Sung – Der Streit

Übergroße Wahrhaftigkeit ist hinderlich.
Auf halbem Weg innezuhalten ist förderlich.
Menschliche Größe zu erkennen bringt Heil.
Es ist nicht die Zeit, das große Wasser zu durchqueren.

Das Leben

Es ist wichtig im Leben, sich selbst treu zu bleiben, doch eine fanatische, intolerante und missionarische Einstellung bringt niemanden seiner Erfüllung näher. Es ist sinnlos, jedem seine eigene Meinung aufdrängen zu wollen. Viel ist jedoch zu gewinnen, wenn man den Blick der seelischen Größe anderer Menschen zuwendet.

Der Beruf/die Finanzen

Ehrlichkeit ist auf Dauer gesehen immer von Vorteil. Doch kann man es auch mit der Wahrheit übertreiben, die dann einfach zur Sturheit und Unhöflichkeit wird. Erfolgreiche Menschen zu beobachten kann manch wertvolle Einsichten bringen. Es ist jetzt weder die Zeit für große Unternehmungen noch für Streit.

Die Liebe

Vertrauen und Offenheit sind die Basis einer echten Liebe. Aber nicht jeder Gedanke, der einem in den Sinn kommt, ist es wert, ausgesprochen zu werden. Eine Wahrheit, die verletzt, ist nicht vertrauensfördernd. Streit kann mitunter förderlich sein, aber nur, wenn er befreiend wirkt. Hüten Sie sich vor großen Illusionen.

Die Gesundheit

Machen Sie sich keine Illusionen darüber, was Sie mit dieser oder jener alten oder neuen Heilmethode für Ihre Gesundheit erreichen können – aber lehnen Sie deshalb nicht jedes alternative Heilverfahren von vornherein einfach ab. Der mittlere Weg zwischen Schulmedizin und Naturheilkunde ist am vielversprechendsten.

Wahre Worte sind nicht schön. Schöne Worte sind nicht wahr. Der edle Mensch streitet nicht; der, der streitet, ist nicht edel. Das ist der Weg des Himmels.
Lao Tse, Tao te King, 81

䷆ Shih – Das Heer

Das Heer benötigt zweierlei:
Beharrlichkeit ist das eine,
ein starker Führer das andere –
dann ist der Erfolg makellos.

Das Leben

Der Wille allein kann keineswegs alles bewirken. Der Mensch ist Körper, Seele und Geist – um diese drei Aspekte des Menschseins in eine Richtung zu lenken, bedarf es mehr: Die Voraussetzungen müssen stimmen, dann kann ihnen der Wille eine Richtung geben, und schließlich muss das Ziel mit einer gewissen Ausdauer verfolgt werden – dann stellt sich unausweichlich Erfolg ein.

Der Beruf/die Finanzen

Eine Firma muss nicht unbedingt streng hierarchisch gegliedert sein, aber ohne eine starke Persönlichkeit, die die Mitarbeiter motiviert und ihnen als Vorbild dient, ist Erfolg ausgeschlossen. Darüber hinaus sind aber auch die Ausdauer und der Glaube an den Erfolg entscheidend für das Gelingen geschäftlicher Vorhaben.

> **Wer auf Grund seiner Tugend herrscht, gleicht dem Nordstern: Er verweilt an seinem Platz und die Sterne kreisen um ihn.**
> *Konfuzius,*
> *Lun Yü, II, 1*

Die Liebe

Eine tiefe Liebe beruht auf einem Gleichklang der Herzen. Dieser Gleichklang wird aber nicht erreicht, wenn beide ihren Rhythmus bewahren. Einer muss in einer Partnerschaft – aber natürlich in Übereinstimmung mit dem anderen – die Führung übernehmen. Und Liebe braucht auch immer das wechselseitige Bemühen.

Die Gesundheit

Menschen, die sich konsequent an strenge Regeln halten, um gesund zu bleiben, sind nicht immer gesund. Ebenso wichtig ist es nämlich, dass die Regeln, von denen Sie sich führen lassen, sinnvoll sind und Ihrer Persönlichkeit gerecht werden.

䷇ P'i – Das Zusammenhalten

Zusammenhalt bringt großen Nutzen.
Beharrlichkeit und innere Stärke verheißen Erfolg.
Die Zögerlichen sammeln sich allmählich,
doch wer zu spät kommt, dem wird kein Heil.

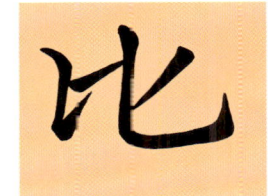

Das Leben

Innerlicher Zusammenhalt ist für den Einzelnen wichtig: Nur wenn Verstand und Gefühl gemeinsam an einem Strang ziehen, entsteht innere Stärke, die einen auf seinem Lebensweg sicher trägt. Äußerer Zusammenhalt ist wichtig: Nur wenn Menschen in Freundschaft zusammenhalten, kann sich der Einzelne entfalten.

Der Beruf/die Finanzen

Es ist sinnvoll, mit anderen Menschen zusammenzuarbeiten, wenn man einen geschäftlichen Erfolg erzielen will. Seien Sie geduldig! Sträuben Sie sich nicht dagegen, auch vorsichtige Geschäftspartner, die erst später hinzukommen, in Ihre Pläne und Projekte mit einzubeziehen – aber setzen Sie Nachzüglern eine Grenze!

Wenn jemand sich nicht fortwährend selbst befragt: Was soll ich in diesem Fall tun, was in jenem? – So kann man ihm nicht helfen.
Konfuzius,
Lun Yü, XV. 15

Die Liebe

Wenn es in einer Beziehung ernste Probleme gibt, ist es nicht gut, gleich aufzugeben. Wenn Sie bereit sind, gemeinsam mit Ihrem Partner an der Beziehung zu arbeiten, wenn Sie etwas Geduld beweisen und fähig sind, an innerer Stärke zu gewinnen, werden sich die verloren geglaubten Gefühle von selbst wieder einstellen.

Die Gesundheit

Für die Gesundheit sind der innere Zusammenhalt von Körper, Geist und Seele und der äußere Zusammenhalt in der Gemeinschaft mit anderen Menschen von großer Bedeutung. Neue Methoden verheißen nur dann Erfolg, wenn Geduld und Vertrauen hinzukommen. Zögern Sie nicht zu lange damit, an Ihrer Gesundheit zu arbeiten!

☴ Hsiao Ch'u – Die Kraft des Kleinen

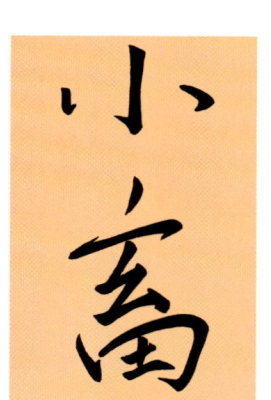

Der Kraft des Kleinen ist Erfolg beschieden.
Die Zeit zu großen Taten ist noch nicht gekommen.
Schaffe Aussicht auf Erfolg
durch sanfte Anpassung und feste Entschlossenheit.

Das Leben

Kleine Dinge im Leben werden oft unterschätzt. Indem Sie Ihren Drang zu großen Taten bezähmen und sich stattdessen sanft an die Gegebenheiten anpassen, werden Sie erfolgreich sein. Sich anpassen bedeutet aber keinesfalls, seine Eigenart aufzugeben. Für den Erfolg im Leben ist Entschlossenheit vonnöten.

Der Beruf/die Finanzen

Es soll einen nicht bekümmern, dass man kein Amt hat, sondern es soll einen bekümmern, dass man dafür tauglich werde.
Konfuzius,
Lun Yü, IV, 14

Es ist jetzt nicht empfehlenswert, große berufliche Wagnisse einzugehen. Auch kleine Veränderungen können, wenn Sie mit der rechten Entschlossenheit vorgehen, zu großen Erfolgen führen. Bevor Sie sich eine ganz neue Marktlücke erschließen, passen Sie sich erst einmal der bestehenden Situation optimal an.

Die Liebe

Es ist nun wichtig, nichts zu überstürzen, ob es nun der Entschluss zu einer festen Verbindung oder zu einer endgültigen Trennung ist. Kleinere Veränderungen versprechen größeren Erfolg. Anstatt Bestehendes umzustoßen, sollten Sie einen entschlossenen Versuch wagen, das Beste aus der momentanen Lage zu machen.

Die Gesundheit

Natürlich ist es Zeit, dass Sie etwas für die Gesundheit tun – aber gehen Sie mit kleinen Schritten voran! Plötzliche, grundlegende Veränderungen belasten nur und sind wenig erfolgversprechend. Mit fester Entschlossenheit und sanfter Veränderung haben Sie weitaus mehr Aussicht auf lang anhaltenden Erfolg.

Lü – Das Auftreten

Tritt auf des Tigers Schwanz
nicht verletzend, sondern heiter –
er wird den edlen Menschen nicht beißen.
So wird dir Erfolg zuteil.

Das Leben

Selbstvertrauen ohne Überheblichkeit, Durchsetzungskraft, ohne andere zu verletzen, Stärke, gepaart mit Heiterkeit – das ist der Weg, der Sie zum Erfolg führen wird. Wenn Sie sich selbst vertrauen und lernen, sich durchzusetzen, dabei aber eine innere Heiterkeit und Gelassenheit bewahren, wird Ihnen niemand Ihre Stärke verübeln.

Der Beruf/die Finanzen

Sie können es unbesorgt riskieren, mit Ihren Vorgesetzten oder mit wichtigen Geschäftspartnern auch einmal deutliche Worte zu reden – solange Sie es mit Humor tun und eine innere Gelassenheit ausstrahlen, werden Sie dadurch nur Vorteile haben, da jeder Mensch Mut und innere Stärke zu schätzen weiß.

Die Liebe

Gerade, wenn es um die Liebe geht, ist es wichtig, ein wenig Mut zu zeigen und nicht jedem kleinen Hindernis, das sich einem in den Weg stellt, auszuweichen. Ängstlichkeit und Verzagtheit lohnen sich in der Liebe (wie auch in vielen anderen Lebensbereichen) nie – Humor mit Mut gepaart wirkt auf die meisten Menschen wie ein Magnet.

Die Gesundheit

Übervorsichtigkeit ist keineswegs ein Garant für Gesundheit, im Gegenteil: Sie kann sogar selbst zu einer Krankheit werden. Unvorsichtig zu sein ist selbstverständlich ebenfalls nicht förderlich für die Gesundheit, doch innere Heiterkeit, ruhige Gelassenheit und nicht zu große Sorgen wirken fast schon wie Medizin.

Wertvoll ist die Freundschaft mit Aufrichtigen, Beständigen und Erfahrenen; von Übel ist die Freundschaft mit Schmeichlern, Feiglingen und Schwätzern.
Konfuzius,
Lun Yü, XVI, 4

25

 # T'ai – Der Friede

Es ist die Zeit des Friedens.
Das Kleine steigt auf, das Große neigt sich herab.
In Harmonie vereinte Kräfte
Bringen großes Heil und Gelingen.

Das Leben

Wenn alle positiven Fähigkeiten und Anlagen eines Menschen harmonisch zusammenarbeiten, ist kaum etwas unmöglich. Daher ist es wichtig, sich selbst kennen zu lernen und inneren Frieden zu schließen, seine Möglichkeiten zu erkunden und auszubauen und nicht nur das zu tun, was man ohnehin gut kann.

Der Beruf/die Finanzen

Großes Verstehen ist weitreichend und ruhig; geringes Verstehen ist eng und eifrig. Große Worte sind klar und deutlich; geringe Worte sind laut und streitsüchtig.
Chuang Tse,
Innere Lehren

Es ist jetzt eine günstige Zeit, um sich mit geeigneten Geschäftspartnern zusammenzutun – und zwar so, dass das Große und das Kleine einander ergänzen. Von einer solchen Zusammenarbeit werden beide Seiten stark profitieren können.

Die Liebe

Große und kleine Gefühle, tiefe Liebe und alltägliche Zuneigung ergeben, wenn sie harmonisch zusammenwirken und sich einander annähern, ein tief reichendes und dauerhaftes Glück. Diese Harmonie, die alle Liebenden sich ersehnen, kann nur aus Achtung vor der Person des anderen und aus Achtsamkeit entstehen.

Die Gesundheit

Es ist Zeit, dass Körper, Seele und Geist endlich Frieden miteinander schließen – daraus entsteht Gesundheit. Durch erhöhte Achtsamkeit in den kleinen Dingen des Alltags – vernünftige Ernährung, das Vermeiden von Stress usw. – ergeben sich neue, größere Perspektiven: Gesundheit ist mehr als das »Funktionieren« des Körpers; wahre Gesundheit ist ein Heil-Sein des ganzen Menschen.

P'i – Der Stillstand

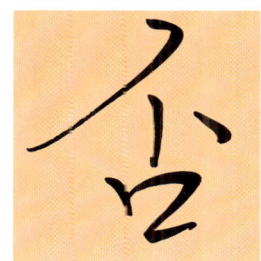

Es ist die Zeit des Stillstandes.
Schlechte Menschen können Schaden bringen
für den Sinn des edlen Menschen.
Das Große geht dahin, das Kleine nähert sich.

Das Leben

Es ist notwendig, im Leben auch einmal Ruhezeiten zu haben und sich auf sich selbst und seine Stellung im Leben besinnen zu können. Wie alle anderen unterliegen auch aufrechte Menschen manchmal den schlechten Einflüssen anderer. In einer Zeit der Stille werden keine großen Pläne entwickelt und verwirklicht – doch dafür wird der Blick für die kleinen Freuden des Alltags geschärft.

Der Beruf/die Finanzen

Nun ist es an der Zeit für Sie, mit der Expansion aufzuhören und das Bestehende zu betrachten und zu stabilisieren, denn Ihre Konkurrenten werden jede Ihrer Schwächen ausnutzen. Auch Ihre Mitarbeiter sollten Sie sich genau ansehen.

Die Liebe

Hören Sie nicht auf die Ratschläge, die Ihnen angebliche Freunde geben. Besser ist es, wenn Sie auf Ihr Herz hören – aber am besten ist es, wenn Sie eine Weile nicht aktiv werden, sondern ganz in Ruhe abwarten. Verabschieden Sie sich von großen Illusionen, und erkennen Sie, welche Freuden die kleinen Dinge bringen können.

Die Gesundheit

Manchmal ist das Beste, was Sie für Ihre Gesundheit tun können, Ruhe zu suchen und Stress zu vermeiden. Der Umgang mit hektischen Menschen, mit denen man vor allem streitet oder die einen in gesundheitsschädliche Aktivitäten verstricken, ist sehr schädlich für Sie und sollte daher unbedingt vermieden werden.

Gute Menschen machen die Schönheit eines Ortes aus. Wer wählen kann und nicht unter guter Menschen wohnt, kann schwerlich weise genannt werden.
Konfuzius,
Lun Yü, IV, 1

27

☲ Tung Jen – Die Gemeinschaft

Mit anderen Menschen im Freien gemeinsam sein
Bringt Gelingen und Erfolg.
Das große Wasser zu durchqueren ist förderlich
Und die Beharrlichkeit des edlen Menschen.

Das Leben

Der Mensch ist bekanntlich ein »zoon politikon«, ein Gemeinschaftswesen. Die harmonische Gemeinschaft mit anderen Menschen kann die Grundlage für Glück und Zufriedenheit sein – allerdings nur dann, wenn sich Menschen im natürlichen Zustand, d.h. frei von Zwängen und Machtansprüchen, begegnen.

Der Beruf/die Finanzen

Es ist jetzt die Zeit für größere geschäftliche und finanzielle Unternehmungen – aber nur, wenn Sie gleichzeitig Ausdauer und Entschlossenheit mitbringen. Besonders Erfolg versprechend sind geschäftliche Aktivitäten, die Sie gemeinsam mit Menschen, denen Sie vertrauen und die Sie schätzen, in Gang bringen.

Kein Strom ist durch sich selber groß und reich, sondern dass er so viele Nebenflüsse aufnimmt und fortführt, das macht ihn dazu.
Friedrich Nietzsche

Die Liebe

Vertrauen Sie auf Begegnungen, die absichtslos zustande kommen. Allzu große Planung verspricht weitaus weniger Erfolg, als Sie sich vielleicht erhoffen. Nicht immer läuft alles so, wie Sie es sich vorstellen – aber mit ein wenig mehr Ausdauer werden Sie sicher an Ihr Ziel kommen. Eine Reise ist empfehlenswert.

Die Gesundheit

Sie sollten sich nicht aus übertriebener Angst vor Ansteckung von anderen Menschen fern halten. Tun Sie unbesorgt all das, wozu Sie Lust haben und was Ihnen Freude bereitet. Sie werden überrascht feststellen, dass der Umgang mit anderen Menschen Ihre Gesundheit und Ihre innere Harmonie stärkt. Ein Klimawechsel könnte Ihnen jetzt sehr gut tun.

☰ Ta Yu – Der große Besitz

Großes zu besitzen bringt erhabenen Erfolg.
Durch uneigennützige Bescheidenheit
Kann die schwache Kraft die Starken halten,
Wenn sie beherrscht und feinsinnig ist.

Das Leben

Besitz kann manchmal belasten oder sogar schädlich wirken – aber es gibt auch Situationen, in denen er von großem Nutzen ist. Dafür ist es jedoch wichtig, seinen Besitz verantwortungsbewusst einzusetzen und bescheiden zu bleiben. Wenn Sie diese Grundsätze beachten, werden Sie von Ihrem Besitz doppelten Nutzen ziehen.

Der Beruf/die Finanzen

Es ist sinnvoll und notwendig, seinen Besitz nicht zu horten, sondern ihn zum Nutzen möglichst vieler Menschen einzusetzen, denn die Investitionen werden mannigfaltig zum Urheber zurückkehren. Wenn Sie bescheiden auftreten, ohne unterwürfig zu sein, werden Sie am ehesten beruflichen und finanziellen Erfolg haben.

Der Weise stellt sein Selbst hintan – und siehe: Es tritt hervor. Er gibt auf sein Selbst – und siehe: Es wird bewahrt.
Lao Tse, Tao te King, 7

Die Liebe

Zur Liebe gehört immer auch ein gewisses Maß an Uneigennützigkeit. Wer über eine große Liebesfähigkeit verfügt und Liebe uneigennützig schenkt, dem wird andererseits auch ein großes Maß an Liebe dargebracht. Eifersucht muss kontrolliert werden, denn sie ist Ausdruck des Besitzenwollens, nicht der starken Liebe.

Die Gesundheit

Gesundheit ist eines der höchsten Güter im Leben. Wenn Sie gesund sind, sollten Sie daher glücklich sein. Seien Sie nicht unbescheiden. Freuen Sie sich über jedes Zeichen der Gesundheit, und erhalten Sie sich Ihre Gesundheit dadurch, dass Sie sich körperlich, seelisch und geistig immer wieder etwas Gutes tun.

䷭ Ch'ien – Die Bescheidenheit

Bescheidenheit führt zu Gelingen.
Steht der Bescheidene hoch, zeigt er Weisheit.
Steht er niedrig, kann er nicht übergangen werden.
Der edle Mensch bringt die Dinge zur Vollendung.

Das Leben

Bescheidenheit ist nie ein Nachteil im Leben – sie darf aber keinesfalls zu Kriecherei, Pharisäertum oder Unterwürfigkeit verkommen. Es kommt auch nicht nur auf die äußerlich sichtbare, sondern vor allem auf die innere bescheidene Haltung an, die alleine Sie auf den Weg zur Vervollkommnung führt.

Der Beruf/die Finanzen

Wenn Güte sich immer auf das Gute richtet, ist sie unzureichend. Wenn Bescheidenheit sich ihre Ziele wählt, kann man ihr nicht vertrauen.
Chuang Tse, Innere Lehren

Wer unverschämt auftritt, kann manchmal seine Verhandlungspartner überrumpeln – weitaus besser gelingt dies jedoch mit einer Bescheidenheit, die von einer inneren Festigkeit begleitet ist. So gewinnen Sie nicht nur eine Verhandlung, sondern sichern sich darüber hinaus Respekt und gute Zukunftsperspektiven.

Die Liebe

Es ist nicht sinnvoll, großspurig und mit aufgesetztem Gehabe aufzutreten; so werden Sie nicht an das Ziel kommen, das Sie im Auge haben. Auf Dauer gesehen wirft ein bescheidenes, Ihre wahre Persönlichkeit widerspiegelndes Verhalten ein weitaus besseres Licht auf Sie. Führen Sie die Pläne, die Sie gefasst haben, durch.

Die Gesundheit

Zu jammern und zu klagen wird keine Krankheit heilen. Wenn Sie sich selbst mit Bescheidenheit betrachten, werden Sie erkennen, dass die Krankheit keine Strafe ist, sondern eine wichtige Botschaft für Sie bereithält. Vollenden Sie dann Ihre theoretischen Einsichten durch die praktische Anwendung im Alltag.

Yü – Die Begeisterung

Die Begeisterung ist ein schnelles Gefährt.
Gehilfen einzusetzen ist förderlich,
Und Heerscharen marschieren zu lassen
verspricht Erfolg.

Das Leben

Die Kraft der Begeisterung verleiht Ihnen Flügel, die Sie so weit tragen können, wie Sie es nie für möglich gehalten hätten. Begeisterung ist ansteckend
– und das sollten Sie sich auch zunutze machen, indem Sie andere Menschen
in Ihre Vorhaben einbeziehen: Es geschieht zu Ihrem eigenen Vorteil und zu
dem der anderen.

Der Beruf/die Finanzen

Wenn Sie eine originelle Geschäftsidee haben, von der Sie begeistert sind,
sollten Sie sich jetzt durchaus von dieser Begeisterung tragen lassen. Wenn
Sie wirklich von Ihrer Idee begeistert sind wird es Ihnen leicht fallen, Auf-
gaben an andere zu delegieren und Mitarbeiter so einzusetzen, dass Sie
schneller an Ihr Ziel kommen.

Weisheit befreit vom Zweifel, Tugend be-freit vom Leid, Ent-schlossenheit befreit von Furcht.
Konfuzius,
Lun Yü, IX, 28

Die Liebe

Die Gefühle der Liebe und vor allem auch Verliebtheit sind in ihrer Kraft der
Begeisterung eng verwandt. Vertrauen Sie in Liebesangelegenheiten Ihrer Intuition, und setzten Sie alle Hebel in Bewegung, um Ihren Gefühlen Ausdruck zu verleihen.

Die Gesundheit

Eine neue Heilmethode, eine neue Diät, eine neue Gesundheitslehre – all das
sollte natürlich immer auch etwas skeptisch betrachtet werden. Doch wenn
Sie gerade von etwas Neuem begeistert sind, das Ihrer Gesundheit spürbar
förderlich ist und bei dem Sie sich wohl fühlen, sollten Sie sich nicht beirren
lassen und dabei bleiben. Suchen Sie kompetente Hilfe, und tun Sie das, was
Ihnen gut tut.

Sui – Die Nachfolge

Nachzufolgen mit Beharrlichkeit ist Erfolg beschieden.
Nur durch Dienen kommt man zur Herrschaft
Und erlangt die Zustimmung Untergebener.
So wird Gelingen ohne Makel zuteil.

Das Leben

Einem bestimmten Weg oder einer Lehre zu folgen, die man als sinnvoll erkannt hat, kann zur höchsten Vervollkommnung und Verwirklichung führen. Ohne einen guten Lehrer allerdings, dem Sie absolut vertrauen und unbeirrt folgen können, gelangen nur die wenigsten Menschen ans Ziel, ohne auf dem Weg sich selbst zu verlieren.

Der Beruf/die Finanzen

Weil der edle Mensch sich selbst nicht sieht, ist er erleuchtet. Weil er sich selbst nicht für wertvoll hält, ist er anerkannt. Weil er sich selbst nicht rühmt, erlangt er Ruhm. Weil er nicht streitet, vermag niemand mit ihm zu streiten.
Lao Tse, Tao te King, 22

Manchmal wünscht man sich, beruflich schneller voranzukommen; Ungeduld zahlt sich indes nicht aus. Weitaus besser ist es, beharrlich weiter zu lernen und sich mit seiner Arbeit in all ihren Facetten vertraut zu machen. So wird es zum rechten Zeitpunkt – und nicht zu früh – den erwünschten Aufstieg geben.

Die Liebe

Liebe bedeutet nicht immer »eine Eroberung machen« – Liebe kann auch heißen, dem Objekt der Liebe zu dienen und sich ihm ganz und gar hinzugeben. Auf diesem Weg wird man unentbehrlich und kommt unweigerlich früher oder später an sein Ziel. Um das Gelingen zu sichern, ist dann nur noch Beharrlichkeit notwendig.

Die Gesundheit

Wenn Sie sich dazu entschlossen haben, einer bestimmten Gesundheitslehre oder einer Heilmethode zu folgen, sollten Sie sie auch konsequent verfolgen und sie nicht wieder kritisieren – das sind alles nur Ausreden. Wenn Sie eine Zeit lang Ihrer Gesundheit mit ganzem Herzen dienen, sind Sie bald der Meister Ihres Körpers.

☰ Ku – Die niedrige Arbeit

Niedrige Arbeit zu verrichten verheißt erhabenen Erfolg.
Das große Wasser zu überqueren ist förderlich.
Bedachtsamkeit ist vonnöten:
Drei Tage vor Beginn, drei Tage nach Beginn.

Das Leben

Es ist nicht gut, wenn man glaubt, zu schade für niedrige Arbeit zu sein. Nur wenn man das nicht glaubt, gelangt man zu tieferer Einsicht und zu Verständnis für seine Mitmenschen. Ein gewisses Risiko einzugehen lohnt sich – doch ist es wichtig, vorher gut nachzudenken und auch die Ergebnisse seiner Taten kritisch zu beurteilen.

Der Beruf/die Finanzen

Ein Meister, der ab und an auch die niedrigsten Arbeiten in seinem Betrieb leistet, wird nicht nur die Herzen seiner Untergebenen gewinnen, sondern auch die Zusammenhänge besser erkennen können. Ein riskantes Unternehmen wird von Erfolg gekrönt sein, wenn man nicht kopflos vorgeht, sondern genau beobachtet.

Im Leben ohne Rang, im Tode ohne Titel, nicht sammelnd irdische Güter, nicht sammelnd irdischen Ruhm: So sind die ganz Großen.
Chuang Tse,
Das wahre Buch vom südlichen Blüten-land, 24, 20

Die Liebe

Bevor Sie sich in Ihrer Begeisterung in ein Liebesabenteuer stürzen, sollten Sie nicht nur Ihr Herz, sondern auch Ihren Verstand befragen. Lassen Sie sich etwas Zeit dafür, und überdenken Sie die Angelegenheit gründlich. Sie sollten für die Liebe keine noch so große Mühe scheuen und keine faulen Kompromisse eingehen.

Die Gesundheit

Die wichtigsten Ratschläge für die Gesundheit klingen oft so einfach und sind doch schwierig durchzuhalten – vor allem wenn keine übertriebenen Versprechungen gemacht werden. Denken Sie darüber nach, ob das, was Sie für Ihre Gesundheit tun wollen, auch vernünftig ist. Wenn es das ist, bleiben Sie konsequent.

䷒ Lin – Das Großwerden

Die Zeit ist günstig für das Wachstum.
Beharrliche Freude und Nachgiebigkeit sind förderlich.
Doch die günstige Zeit währt nicht für immer:
Es gilt, dem kommenden Übel rechtzeitig zu begegnen.

Das Leben

Sturheit wird Sie im Leben kaum voranbringen, und auch Verbissenheit bringt Ihnen keine Vorteile. Kultivieren Sie die Kraft der Freude in sich, und üben Sie sich in Nachgiebigkeit. Die Zeit ist günstig, jetzt Ihr Leben in dieser Richtung zu verändern, damit Sie gewappnet sind, wenn die Zeiten einmal schlechter werden.

Der Beruf/die Finanzen

Der edle Mensch stellt an sich selbst Anforderungen, der gewöhnliche Mensch stellt Anforderungen an andere.
Konfuzius,
Lun Yü, XV, 20

Sich beruflich zu verbessern, seine geschäftlichen Tätigkeiten auszuweiten ist Erfolg versprechend. Zögern Sie nicht zu lange, und gehen Sie ruhig Kompromisse ein, denen Sie ohne Schmerzen zustimmen können. Wenn Sie jetzt etwas für Ihre Zukunft tun, können Sie eventuell kommende schwere Zeiten leicht überstehen.

Die Liebe

In einer Liebesbeziehung gibt es immer Höhen und Tiefen. Solange die Liebe frisch ist, erscheint die Welt im rosaroten Licht. Um jedoch die mit Sicherheit kommenden Tiefpunkte auszugleichen, ist es wichtig, gemeinsame Freuden intensiv auszukosten und sich in der Kunst der Nachgiebigkeit und Toleranz zu üben.

Die Gesundheit

Es ist jetzt eine gute Zeit, um sich einer grundlegenden Verbesserung Ihrer Gesundheit zu widmen. Alles, was Sie dafür tun, sollte Ihnen Freude machen, und Sie sollten auch vor allem versuchen, sich selbst gegenüber tolerant zu sein. Bleiben Sie jedoch mit Ausdauer bei der Sache – Ihr Körper wird Ihnen dankbar sein.

Kuan – Die Betrachtung

Es ist Zeit für die Betrachtung.
Die Vorbereitung ist geschehen,
Die Vollendung ist noch nicht erreicht.
Vertrauensvolle Betrachtung verspricht Gelingen.

Das Leben

Dann und wann im Leben sollte man innehalten und sein bisheriges Tun rückblickend betrachten. Sie haben nun schon einiges in Ihrem Leben erlebt, können auf viele Erfahrungen zurückblicken und haben die Grundlage für Ihre persönliche Entwicklung gelegt; jetzt ist es an der Zeit, die Entwicklung zu vollenden.

Der Beruf/die Finanzen

Blicken Sie auf das, was Sie im Beruf oder im Geschäftsleben bisher erreicht haben, mit Zufriedenheit zurück, aber ruhen Sie sich nicht auf Ihren Lorbeeren aus, sondern streben Sie nun danach, sinnvolle Konsequenzen aus Ihren Beobachtungen zu ziehen und Ihre geschäftlichen Pläne der Vollendung entgegenzubringen. Vertrauen Sie Ihrer Intuition!

Lernen ohne zu denken, ist wertlos; denken ohne zu lernen, ist ermüdend.
Konfuzius,
Lun Yü, II, 15

Die Liebe

Alle Voraussetzungen für eine günstige Entwicklung sind erfüllt; Sie haben alles getan, was Sie tun konnten. Nun sollten Sie sich achtsamer Betrachtung hingeben und vertrauensvoll auf die Dinge warten, die Ihrer harren. Sie müssen in der Liebe nicht immer aktiv sein; Abwarten verspricht manchmal mehr Erfolg.

Die Gesundheit

Auch wenn Sie im Augenblick nicht vollkommen gesund sind, so sind doch alle Voraussetzungen für eine Besserung geschaffen. Die letzten Schritte hierfür sind nicht direkt von Ihnen abhängig. Üben Sie sich in Vertrauen, und betrachten Sie Ihre bisherigen Einstellungen und Verhaltensweisen einmal kritisch.

䷔ Shih Ho – Das Durchbeißen

Es treten Schwierigkeiten auf,
Doch kräftiges Zubeißen durchtrennt das Hindernis
Und verspricht Gelingen.
Gericht zu halten ist förderlich.

Das Leben

Eine Krise, die im Leben eintritt, kann negativ oder positiv betrachtet werden, als unüberwindbares Hindernis oder aber als Herausforderung, die es zu meistern gilt. In einer solch schwierigen Situation ist es ratsam, sich selbst gegenüber Rechenschaft über seine Handlungen abzulegen und auch seine Freunde nach ihren Taten zu beurteilen, um wahre von falschen Freunden zu unterscheiden.

Der Beruf/die Finanzen

Beruflich steht eine schwierige Zeit an – doch Sie können gestärkt daraus hervorgehen, wenn Sie sich jetzt durchsetzen. Es lohnt sich, seine Mitarbeiter, Kollegen, Vorgesetzten und Untergebenen genau anzusehen und ihre Loyalität zu prüfen.

Die Liebe

In jeder noch so glücklichen Partnerschaft kommt es früher oder später einmal zu Krisen; das ist unvermeidlich. Vermeidlich ist indes oft die Trennung, die eine Kapitulation vor einer Herausforderung ist. Offenbaren Sie Ihre Beweggründe, und stehen Sie die Krise gemeinsam durch – das wird Sie mehr befriedigen als das Aufgeben.

Die Gesundheit

Gesundheitliche Probleme bahnen sich an. Das Schicksal zu beklagen führt jedoch nicht zur Heilung. Wenn Sie aber tapfer die Zähne zusammenbeißen und die Krise mutig überstehen, werden Sie von der Krankheit sogar profitieren können. Überdenken Sie Ihre bisherigen Lebensgewohnheiten, und seien Sie zur Änderung schlechter Gewohnheiten bereit.

Höre gut zu, doch schweige, wenn es sich um zweifelhafte Dinge handelt; sei bedacht, wenn du von den übrigen sprichst – dann wirst du selten in Ungelegenheiten kommen.
Konfuzius,
Lun Yü, II, 18

☰ P'i – Die Anmut

Anmut verspricht Erfolg,
Auch wenn sie nicht das Wesentliche ist,
Doch fördert sie das kleine Unternehmen.
Der edle Mensch entscheidet nicht in Streitfragen.

Das Leben

Etwas schön zu machen, bedeutet oft auch, es gut zu machen. Zwar sind die schönen Dinge nicht das Wesentliche im Leben: Man kann sich mit noch so viel Schönem umgeben und doch im Grunde unglücklich sein. Aber ohne Schönheit und Eleganz fehlt die Würze im Leben.

Der Beruf/die Finanzen

Sie sollten sich nicht zu sehr auf Logik und Funktionalität versteifen – das Schöne hat seine eigene Funktion. Verlieren Sie also das ästhetische Moment auch im Berufs- oder Geschäftsleben nicht aus den Augen. Wenn Konfrontationen auftreten, sollten Sie sich nicht einmischen, sondern die Dinge ihren Lauf nehmen lassen.

Die Liebe

Oft wird über die Bedeutung des Äußeren bei der Partnerwahl gestritten. Die »Wahrheit« liegt in der Mitte: Das Äußere ist nicht das Wesentliche, sondern was wirklich zählt, ist das Innere, die Persönlichkeit. Doch das Äußere spiegelt meist etwas vom Inneren wider. Lassen Sie sich hierüber nicht auf Streitereien ein.

Die Gesundheit

Es gibt so viele Gesundheitslehren und Ratgeber, die teilweise in erbittertem Streit miteinander liegen. Lassen Sie sich nicht darauf ein, sich an diesen Streitigkeiten zu beteiligen – die »Wahrheit« ist wahrscheinlich auch für Sie nicht unmittelbar zu erkennen. Vertrauen Sie ruhig auf Ihre Intuition und folgen Sie dem, was Sie im Herzen und im Verstand anspricht, ohne sich zu sehr von anderen beeinflussen zu lassen.

Anmut ist am Menschen wie die Wärme des Feuers, das Leuchten der Kerze, das Funkeln kostbarer Steine, Gold und Silber.
Li Yü

䷖ Po – Die Zersplitterung

Das Dunkle steigt auf und droht das Edle zu zerbrechen.
Der edle Mensch erkennt den Lauf der Zeit,
Hält still und fügt sich und zeigt derart Weisheit.
Es ist nicht förderlich, den Ort zu wechseln.

Das Leben

Trotz aller guten Vorsätze treten in Ihrem Leben Schwierigkeiten auf, die allmählich alle positiven Kräfte zu verdunkeln drohen. Es ist wichtig, bereits die ersten Anzeichen zu erkennen und zu verstehen, dass es wenig sinnvoll ist, gegen die Schwierigkeiten anzukämpfen. Die dunklen Kräfte erschöpfen sich, wenn sie ins Leere laufen.

Der Beruf/die Finanzen

Das Feuer des Ungeordneten und des Zweifels leitet den Weisen: So zieht er aus den Dingen keinen Nutzen, sondern erkennt das Unveränderliche.
Chuang Tse, Innere Lehren

Eine wirtschaftliche Krise bringt eine allmähliche Veränderung der Einstellungen mit sich; so wirkt sie unmerklich zersetzend: Mit großen Anstrengungen können Sie der Krise eine Zeit lang trotzen, aber Sie zahlen dafür mit einem Verlust innerer Werte – was sich am Ende der Krise bitter bemerkbar machen wird.

Die Liebe

Das Ende einer Beziehung kommt selten plötzlich; meist lässt die Liebe allmählich nach, bis sie schließlich zerbricht. Wenn sich diese Entwicklung anbahnt, ist es am sinnvollsten, nicht überhastet zu handeln, sich nicht dem Unvermeidbaren zu widersetzen, aber auch nicht panikartig die Flucht zu ergreifen.

Die Gesundheit

Es gibt Schwankungen im gesundheitlichen Befinden, die mit den verschiedensten Faktoren wie mit den Jahreszeiten, mit der körperlichen Entwicklung oder mit dem Alter zusammenhängen. Es ist wichtig, diese Faktoren zu erkennen und sie zu akzeptieren. Eine Flucht in universelle Heilslehren bringt eher Schaden und sollte daher vermieden werden.

䷗ Fu – Die Wiederkehr

Die Wiederkehr verheißt Gelingen.
Das Licht steigt auf
Und echte Freunde sammeln sich.
Das Ziel zu haben, das man sucht, ist förderlich.

Das Leben

Nicht nur das Neue ist wichtig – oft ist gerade das, was sich wiederholt, das Stabile und Stabilisierende im Leben, das zu innerer Zufriedenheit und zum beständigen Lebensglück führt. Ein Beispiel dafür sind die wahren, langjährigen Freunde, die immer da sind, wenn man sie braucht. Finden Sie das Ziel in sich, bevor Sie sich auf den Weg machen.

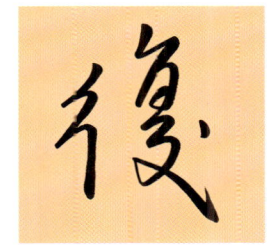

Der Beruf/die Finanzen

Das meiste Neue ist in Wirklichkeit schon irgendwann einmal da gewesen. Daran sollten Sie denken, wenn Sie überlegen, was Sie Neues beginnen können oder wenn Sie eine Marktnische suchen. Arbeiten Sie mit guten (Geschäfts-) Freunden zusammen. Klare Zielvorstellungen sollten vor dem Anfang stehen.

Die Liebe

Eine frühere Liebesbeziehung, die überraschend wieder in Ihr Leben tritt, oder das Aufleben einer bereits verblühten Leidenschaft verheißen Glück. Alte, vernachlässigte Freundschaften leben wieder auf. Sie sollten sich jetzt genau überlegen, was Sie wirklich wollen, bevor Sie wichtige Entscheidungen treffen.

Die Gesundheit

Sie haben schon öfter einmal darüber nachgedacht, Ihr Leben auf die eine oder andere Weise gesünder zu gestalten – jetzt tauchen diese Überlegungen wieder auf. Die Zeit ist günstig, dies in die Tat umzusetzen. Hören Sie auf den Rat alter Freunde. Setzen Sie sich ein festes Ziel, bevor Sie sich auf den Weg machen.

Den Bogen immer nur zu spannen, ohne ihn jemals zu entspannen, vermögen selbst die höchsten Weisen nicht. Abwechselnd Spannung und Entspannung, das ist der rechte Weg.
Konfuzius,
Lun Yü, XVIII, 3

39

䷘ Wu Wang – Die Unschuld

Die natürliche Unschuld verheißt erhabenes Gelingen.
Beharrlichkeit ohne Hintergedanken ist förderlich,
Doch Berechnung zieht Unglück nach sich.
Etwas zu unternehmen ist nicht ratsam.

Das Leben

Nur zu oft überschätzen wir die Kraft der Vernunft und misstrauen unserer Intuition. Es ist jedoch wichtig, auch seinen Gefühlen vertrauen zu können und nicht alles berechnen zu wollen, denn nur zu oft verrechnet man sich dabei. Ausdauer ist nur dann sinnvoll, wenn sie aus Freude und nicht aus Berechnung entsteht.

Der Beruf/die Finanzen

Aus dem Wissen um das Schöne entsteht das Unschöne. Aus dem Wissen um das Gute entsteht das Ungute. Wahrhaftig: Sein und Nichtsein entspringen einander.
Lao Tse, Tao te King, 2

Ein natürliches, freundliches Verhalten zieht stets viel Gutes an. Es ist auch gut, beständig bei einer Sache zu bleiben. Aber alles Gute kann zunichte werden, wenn es nur auf kühler Berechnung beruht. Es ist jetzt nicht die Zeit, große Unternehmungen zu wagen und Risiken, die viel Vorausplanung benötigen, einzugehen.

Die Liebe

Es ist weitaus Glück bringender, sich anderen gegenüber zu geben, wie man wirklich ist, und keine Maske aufzusetzen, wenn einem daran gelegen ist Menschen zu begegnen, die in einer Partnerschaft mit einem harmonieren. Nicht die Geduld zu verlieren ist wichtig; Begegnungen zu planen ist nicht Erfolg versprechend.

Die Gesundheit

Hören Sie auf Ihre Intuition! Wenn Sie sich mit einer bestimmten Lebensweise, beispielsweise mit vegetarischer Ernährung, wohl fühlen, sollten Sie dabei bleiben. Tun Sie es jedoch, weil Sie sich wohl fühlen, nicht weil Sie sich davon ungeheuren Nutzen versprechen – sobald Sie sich zu etwas zwingen, schaden Sie sich.

䷙ Ta Ch'u – Die Kraft des Großen

Der Kraft des großen, edlen Menschen ist Erfolg beschieden
Durch tägliche Selbsterneuerung.
Förderlich ist es, nicht zu Hause zu essen
Und das große Wasser zu überqueren.

Das Leben

In jedem Menschen schlummern ungeahnte, große Kräfte. Jeder, der danach trachtet, sich selbst zu verwirklichen, wird täglich Neues, Beglückendes und Erstaunliches in seinem Inneren finden. Um sich selbst ganz zu finden, ist es aber auch wichtig, unter Menschen zu gehen, um dort seine Fähigkeiten nutzbringend einzusetzen.

Der Beruf/die Finanzen

Stellen Sie sich täglich drei Fragen: Was hat mir Freude gemacht? Was habe ich gelernt? Welche neuen Ideen hatte ich? Durch diese Fragen stärken Sie Ihre Achtsamkeit und erneuern sich innerlich. Es ist eine gute Zeit für Begegnungen mit Mitarbeitern und Geschäftspartnern. Reisen können neue Impulse geben.

Wer sein Innerstes aufrichtig prüft und kein Übel findet – wie könnte er da traurig sein, was könnte er da fürchten?
Konfuzius,
Lun Yü, XII, 4

Die Liebe

Betrachten Sie Ihre Partnerschaft, die mit ihr verbundenen Wünsche und Hoffnungen täglich neu, und entdecken Sie sich selbst und Ihren Partner. Zweisamkeit ist etwas Schönes, aber jetzt ist die Zeit günstig, den Freundeskreis zu pflegen und zu erweitern. Auch gemeinsame Reisen können die Beziehung noch mehr vertiefen.

Die Gesundheit

Die wahre Gesundheit kommt von innen: Achten Sie jeden Tag auf die Dinge, die Ihnen gut tun und auf das, was Unwohlsein nach sich zieht. Es ist gut für Ihre innere Ausgeglichenheit (und damit für Ihre Gesundheit), wenn Sie aus der alltäglichen Routine ab und zu ausbrechen. Ein Klimawechsel würde Ihnen gut tun.

41

 # I – Die Ernährung

Wichtig ist Beharrlichkeit und Regelmäßigkeit.
Gib Acht darauf, wie einer andere und sich selbst ernährt.
Der edle Mensch pflegt die Tüchtigen,
Um durch sie für alle zu sorgen.

Das Leben

Was wir denken, wie wir die Welt sehen, welche Fähigkeiten und Möglichkeiten wir haben, hängt größtenteils davon ab, was wir an Erfahrungen, Informationen und Ideen in uns aufgenommen haben. Daraus ergibt sich, dass wir offen bleiben sollten, um unsere Möglichkeiten zu erweitern, und uns der Bedeutung der Dinge, die wir in uns aufnehmen, sehr genau bewusst werden sollten.

Der Beruf/die Finanzen

Achten Sie darauf, wie interessiert Ihre Mitarbeiter sind. Es liegt in Ihrem eigenen Interesse, Mitarbeiter, die flexibel und wissbegierig sind, nach Kräften zu fördern.

Die Liebe

Kann Ihr Partner Ihnen die seelische Nahrung geben, die Sie benötigen, um ihre Persönlichkeit zu entwickeln und um zu reifen? Können Sie Seele und Geist Ihres Partners ausreichend nähren und pflegen? Wenn Sie eine dieser Fragen mit Nein beantworten, sollten Sie sich ernsthaft überlegen, wie weit diese Beziehung trägt.

Die Gesundheit

So unterschiedlich die Empfehlungen der verschiedenen Richtungen der Ernährungsmedizin auch sind, so stimmen sie doch darin überein, dass die richtige Ernährungsweise von allergrößter Bedeutung für die Gesundheit ist. Und noch eines ist allen Schulen gemeinsam: Sie betonen die Bedeutung der Regelmäßigkeit und der Kontinuität. Beherzigen Sie dies, und folgen Sie Ihrer Intuition.

Wenn natürliche Kraft die Bildung überwiegt, ist das Ergebnis grobe Rohheit. Wenn die Bildung überwiegt, ist das Ergebnis Besserwisserei. Nur Bildung und natürliche Kraft im Gleichgewicht machen den edlen Menschen.
Konfuzius,
Lun Yü, VI, 16

☰ Ta Ko – Das große Gewicht

Das Große überwiegt zu sehr.
Der Balken biegt sich bis zum Brechen.
Große Überlegenheit bedarf der Sanftmut
Und der Überlegung – dann verspricht sie großes Gelingen.

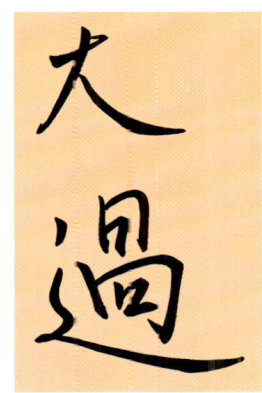

Das Leben

Große Pläne, Ideen, Gedanken und Gefühle sind die Höhepunkte im Leben. Aber eine Landschaft, die ausschließlich aus Höhen besteht, ist eine Ebene. Wenn das Große im Leben überwiegt, ist es nichts Besonderes mehr. Erst wenn Größe durch Sanftmut und Überlegung ausgeglichen wird, ist sie bedeutend.

Der Beruf/die Finanzen

Übertreiben Sie es mit Ihren großen Plänen nicht. Seien Sie weniger hart und fordernd gegenüber anderen und sich selbst. Wenn Sie Ihre Pläne ein wenig bescheidener in Angriff nehmen, dafür aber mit Sanftmut und Überlegung, werden Sie davon enorm profitieren und bald großen Erfolg verzeichnen können.

Die Liebe

Sind Ihre Ansprüche an Ihren Partner realistisch? Ewige Liebe, absolute Treue, vollkommene Harmonie – vielleicht sind diese Ziele zu erreichen; sie vorauszusetzen ist zerstörerisch. Denken Sie über den Ursprung Ihrer Ideale nach, und üben Sie sich in Toleranz und Sanftmut – so erreichen Sie am ehesten, was Sie sich wünschen.

Die Gesundheit

Extreme schaden der Gesundheit – auch eine extrem »gesunde« Lebensweise. Versuchen Sie, Nachsicht und Sanftmut sich selbst gegenüber walten zu lassen, und überlegen Sie, ob die großen Erwartungen realistisch sind. So werden Sie Ihre Gesundheit sicherlich mehr fördern als durch eine fanatische Einstellung.

Erst die Leere zwischen den Speichen macht das Rad brauchbar. Erst die Leere im Tongefäß macht das Gefäß brauchbar. Erst die Türen und Fenster im Haus machen das Haus brauchbar.
Lao Tse, Tao te King, 11

K'an – Das Wasser

Das Tiefe ist stark –
Doch birgt es auch Gefahr.
Wahrhaftigkeit bringt Gelingen im Herzen,
Und jeglichem Tun ist Erfolg beschieden.

Das Leben

Nur ein geringer Teil unserer Persönlichkeit ist dem Bewusstsein zugänglich; der weitaus größere Teil ist unter der Oberfläche, im Unterbewusstsein, verborgen. Wenn wir uns die Kräfte, die in unserem Unterbewusstsein schlummern, nutzbar machen, stehen uns enorme Möglichkeiten zur Verfügung. Der Weg ins Unbewusste ist aber nicht ungefährlich: Je wahrhaftiger wir gegen uns selbst sind, desto leichter wird der Weg, und desto größer wird der Nutzen sein.

Der Beruf/die Finanzen

Es ist ratsam, sich in wirtschaftlich schwierigen Zeiten auf ein Gebiet zu spezialisieren – das bringt allerdings auch Gefahren mit sich, denen Sie jedoch entgegentreten können, wenn Sie mit ganzem Herzen und der nötigen Selbstkritik dabei sind.

Die Liebe

Eine tiefe, erfüllte Liebesbeziehung ist eines der wertvollsten Ziele. Enttäuschte Liebe ist dagegen eine der schlimmsten Erfahrungen – darin liegt die Gefahr. Mit Vertrauen und Wahrhaftigkeit im Herzen können Sie der Gefahr mutig ins Auge sehen.

Die Gesundheit

Im Unterbewusstsein verborgen liegt das Geheimnis der Gesundheit: Hier sind Körper, Seele und Geist eins, hier entfaltet der »innere Arzt«, der für all unsere Krankheiten und deren Heilung verantwortlich ist, seine Wirkung. Lernen Sie sich selbst immer besser kennen, und Sie kommen dem Geheimnis auf die Spur.

> **Ist das Herz vollkommen, dann erfasst es das höchste Wissen. Ist das Wissen vollkommen, dann erreicht es die höchste Menschlichkeit.**
> *Chuang Tse, Innere Lehren*

☰ Li – Das Feuer

Das Dunkle haftet am Licht.
So ist Beharrlichkeit im Inneren vonnöten,
Um Gelingen zu sichern.
Sanftmut und Fügsamkeit bringen großes Heil.

Das Leben

Wo Licht ist, ist immer auch Schatten. Wenn das innere Licht jedoch durch erhöhte Achtsamkeit und durch Liebe am Leben erhalten wird, werden die dunklen Kräfte wie Aggressionen, Ängste, Hass und Gier daran gehindert, in die Seele vorzudringen. Sanftmut ist ein starkes Heilmittel gegen alle negativen Einflüsse.

Der Beruf/die Finanzen

Der Erfolg hat auch seine Schattenseiten: Er zieht Neider, Schmarotzer und Boshaftigkeit an, er fördert oft auch die Gier und die Selbstsucht. Innere Stärke ist vonnöten, um den Erfolg dauerhaft und befriedigend zu machen. Üben Sie sich in Sanftmut und Nachsicht – dadurch wird Ihr Erfolg nur bedeutender werden.

Die Liebe

Das Licht der Liebe wirft auch seine Schatten: Eifersucht, Angst vor Verlust und Sorgen um den geliebten Menschen können die Freude an der Liebe trüben. Widerstehen Sie diesen negativen Kräften beharrlich, ohne dabei Ihre Gefühle zu verhärten. So erhalten Sie das Licht Ihrer Liebe und lassen es noch heller strahlen.

Die Gesundheit

Es ist für jeden sehr schwer, alte, schlechte Gewohnheiten wirklich aufzugeben; gerade wenn kein Leiden mahnt, sind gute Vorsätze leicht vergessen. Bleiben Sie beharrlich auf Ihrem Weg, seien Sie nicht zu hart zu sich selbst, und fügen Sie sich in die Notwendigkeiten, die Ihr Körper und Ihre Seele Ihnen auferlegen.

Biegsam und zart sind Gräser und Bäume, wenn sie wachsen, fest und hart, wenn sie sterben. Daher gehören das Feste und Harte zum Tod, Weichheit und Zartheit zum Leben.
Lao Tse, Tao te King, 76

45

䷜ Hsien – Die Wirkung

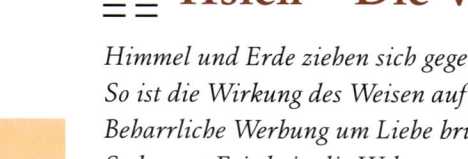

Himmel und Erde ziehen sich gegenseitig an –
So ist die Wirkung des Weisen auf die Menschen.
Beharrliche Werbung um Liebe bringt Gelingen –
So kommt Friede in die Welt.

Das Leben

Wenn die höheren und die niedrigen Bedürfnisse des Menschen nicht in Konflikt miteinander stehen, sondern sich in harmonischer Einheit in ihren Bestrebungen unterstützen, kehrt innerer Friede ein. Es ist gut, das zu lieben, was man tun muss.

Der Beruf/die Finanzen

Versuchen Sie, Ihre ehrgeizigen Ziele mit Ihren Fähigkeiten und Bedürfnissen in Einklang zu bringen. Nehmen Sie engeren Kontakt sowohl mit höher Gestellten als auch mit Untergebenen auf – so werden Sie zu einem Zentrum des Einflusses und des Friedens, und Ihnen werden die Erfolge von selbst zufliegen.

Der edle Mensch kann diejenigen beeinflussen, die über ihm stehen, der gewöhnliche Mensch nur diejenigen, die unter ihm stehen.
Konfuzius,
Lun Yü, XIV, 24

Die Liebe

Gegensätze ziehen sich bekanntlich an – jedoch nur dann, wenn sie nicht im Gegensatz verharren, sondern sich zu einander ergänzenden und bedingenden Polen entwickeln. Bedenken Sie: Der Mond ist nicht das Gegenteil der Sonne! Geduld bei der Werbung um den Partner beweist die Ernsthaftigkeit und wird erfolgreich sein.

Die Gesundheit

Wie so viele Menschen haben Sie den Wunsch nach körperlicher, geistiger und seelischer Gesundheit. Dieser Wunsch kann aber nur in Erfüllung gehen, wenn das »Einverständnis« aller Kräfte besteht: Wenn Sie fortwährend gegen Ihre Intuition, Ihr Wohlbefinden und Ihre innere Stimme handeln, wird der Nutzen jeglicher Therapie gering sein. Hören Sie auf die Botschaften Ihres Körpers!

Heng – Die Dauer

*Der edle Mensch steht fest
Und wandelt seine Richtung nicht.
Doch Dauer zu schnell anzustreben bringt Unheil.
Beharrlichkeit auf dem Weg zum Ziel ist förderlich.*

Das Leben

Ein Mensch, der keinerlei Standpunkt hat, über keine Werte verfügt und seine Ansichten immerfort wechselt, hat keinen Halt im Leben und kann auch keinen Halt geben. Eine gewisse Festigkeit ist also notwendig – doch sie zu schnell und zu intensiv anzustreben führt nur dazu, dass aus Festigkeit Erstarrung wird.

Der Beruf/die Finanzen

Es ist nicht ratsam, im Berufs- und Geschäftsleben sein Fähnchen immer nach dem Wind zu hängen. Mitunter mag das vielleicht Erfolg versprechend sein, aber letztendlich wird die Unzuverlässigkeit negative Konsequenzen nach sich ziehen. Dennoch ist es wichtig, anpassungsfähig und flexibel zu bleiben. Geduld wird sich auszahlen.

Nur die höchsten Weisen und die größten Narren sind unverbesserlich.
*Konfuzius,
Lun Yü, XVII, 3*

Die Liebe

Wird eine Liebe beim kleinsten Hindernis aufgegeben, werden die Zweifel an der Aufrichtigkeit wohl berechtigt sein. Geduld ist wichtig. Indes ist es auch nicht ratsam, sich zu früh zu fest zu binden. Eine Zeit des Kennenlernens und der Annäherung ist notwendig, um folgenschwere Fehlentscheidungen zu vermeiden.

Die Gesundheit

Eine stabile Gesundheit erfordert eine stabile innere und äußere Haltung. Es ist durchaus sinnvoll, geduldig einer bestimmten Lebensweise und Gesundheitsmethode zu folgen und nicht ständig neue Richtungen auszuprobieren. Allerdings sollten Sie andere Wege kennen, bevor Sie sich endgültig für einen entscheiden.

☷☴ Tun – Der Rückzug

Die Dunkelheit rückt vor.
Der Rückzug ohne Flucht bringt Gelingen.
Es gilt, den rechten Augenblick nicht zu versäumen
Und in kleinen Dingen Beharrlichkeit zu beweisen.

Das Leben

Es ist abzusehen, dass eine schwierige Zeit naht. Widerstand ändert daran nichts; ein geordneter Rückzug im rechten Augenblick verheißt jedoch Erfolg. Obwohl jetzt nicht die Zeit ist, große Pläne zu schmieden, so kann doch Großes entstehen, wenn Geduld bei der Verfolgung kleinerer Vorhaben bewiesen wird.

Der Beruf/die Finanzen

Das, was man weiß, als Wissen zu bezeichnen und das, was man nicht weiß, als Nichtwissen zu bezeichnen: Das ist Wissen.
Konfuzius, Lun Yü, II, 17

Eine berufliche oder finanzielle Krise bahnt sich für Sie an. Sie können aus dieser Krise gestärkt hervorgehen, wenn Sie rechtzeitig die Zeichen der Zeit erkennen und sich ruhig zurückziehen, ohne in Panik zu verfallen. Verlegen Sie sich in nächster Zeit auf kleinere Unternehmungen, und zeigen Sie vor allem Geduld.

Die Liebe

Es ist jetzt nicht die Zeit für die große Liebe. Es gilt, dies beizeiten zu erkennen und sich rechtzeitig aus einer wenig befriedigenden Partnerschaft zurückzuziehen – ohne Streit und ohne große Szene. Am besten ist es, wenn eine freundschaftliche Beziehung erhalten bleibt. Nehmen Sie sich Zeit, alte Bekanntschaften aufzufrischen.

Die Gesundheit

Eine Krankheit ist im Anmarsch. Das ist zwar kein Grund, in Panik zu verfallen, aber Sie sollten schon etwas an Ihrer Lebensweise ändern. Es ist wichtig, dass Sie rechtzeitig handeln und sanft vorgehen – die »chemische Keule« zu verwenden, wenn die Krankheit bereits weiter vorangeschritten ist, ist weniger empfehlenswert.

☳ Ta Chuang – Die große Macht

Die inneren Werte streben empor und kommen zur Macht,
Doch der edle Mensch wirkt nicht durch seine Macht –
Stets fragt er nach dem rechten Weg.
Größe und Gerechtigkeit sind nicht zu trennen.

Das Leben

Wer sich aufmacht, um sein inneres Potenzial zu entdecken, wird bald erstaunt feststellen, in welchem Ausmaß er seine Fähigkeiten und Möglichkeiten erweitert und wie er an Einfluss auf seine Mitmenschen gewinnt. Dabei besteht die Gefahr, diese Macht zu missbrauchen – das aber wird jede weitere Entwicklung hemmen.

Der Beruf/die Finanzen

Berufliche Erfolge stellen sich ein, weil Sie stetig an Ihrer Persönlichkeit gearbeitet haben. Sie können dadurch in Ihrem Beruf beachtlich an Anerkennung gewinnen, aber Sie sollten sich tunlichst davor hüten, Ihre Position gegenüber Untergebenen auszuspielen. Bleiben Sie auf Ihrem Weg, und üben Sie Nachsicht.

Die Liebe

Die Liebe erblüht und kann sich voll entfalten. Eine gegenseitige Liebe erweitert die Persönlichkeit beider Partner – aber sie schafft auf der anderen Seite auch ein gewisses Maß an Abhängigkeit. Hüten Sie sich davor, diese Abhängigkeit auszunutzen. Die ungerechte Ausübung von Macht ist der inneren Entwicklung und der Liebe abträglich.

Die Gesundheit

Es zahlt sich aus, dass Sie sich an einer gesunden Lebensweise, die Körper, Seele und Geist mit einbezieht, orientieren. Sie könnten sich nun mehr zumuten, da Sie belastungsfähiger sind – doch das wäre äußerst unklug. Bleiben Sie auf dem einmal eingeschlagenen Weg, und nutzen Sie Ihre Möglichkeiten zur inneren Entwicklung.

Wer gut ist, muss nicht befehlen: Es geschieht doch. Wer nicht gut ist, mag befehlen: Es wird nicht befolgt.
Konfuzius,
Lun Yü, XII', 6

49

䷢ Chin – Der Fortschritt

Die Sonne steigt über der Erde auf.
Der große Mensch ist frei von Eifersucht,
Der Starke missbraucht seinen Einfluss nicht
Und wendet ihn zum Nutzen derer an, die ihm folgen.

Das Leben

Wenn alle Ihre Grundbedürfnisse befriedigt sind, wird es für Sie Zeit, sich endlich den höheren und subtileren Bedürfnissen zuzuwenden, Ihr Leben mit Sinn und Freude zu erfüllen und die Sonne in Ihrer Seele aufgehen zu lassen. Lernen Sie jetzt zu erkennen, dass das Gute nur durch seinen Gebrauch gut wird.

Der Beruf/die Finanzen

Es ist jetzt eine günstige Zeit für den beruflichen Erfolg: Nun sollte über das Notwendige hinausgegangen werden. Es hat keinen Sinn, erfolgreichere Menschen zu beneiden; besser ist es, sie dankbar als Vorbilder anzunehmen. Der Einfluss, den Sie gewinnen, ist wertlos, wenn Sie ihn nicht zum Wohle aller einsetzen.

Die Liebe

Die große Chance für eine große Liebe naht. Hüten Sie sich vor Eifersucht und Misstrauen– beides ist schädlich für die Liebe! Sie sind der starke Pol der Partnerschaft und können Ihre Stärke zum Nutzen Ihres Partners einsetzen. Widerstehen Sie, wann immer Sie in Versuchung geraten sollten, Ihre Stärke gegenüber dem Partner auszuspielen.

Die Gesundheit

Wenn die Gesundheit stabil ist, sollte man sich nicht auf dem Erreichten ausruhen und bequem werden, sondern die große Chance nutzen, sich selbst noch besser kennen zu lernen. Beneiden Sie nicht Menschen, die körperlich leistungsfähiger als Sie selbst sind; wahre Gesundheit kommt von innen. Stehen Sie anderen, die in Not sind, bei.

Der edle Mensch ist unbeständig: gut zu den Guten; gut zu den Unguten – so vermehrt er die Güte. Den Treuen vertraut er; den Untreuen vertraut er auch – so vermehrt er das Vertrauen.
Lao Tse, Tao te King, 49

Ming I – Die Verfinsterung

Es kommt die Zeit der Dunkelheit,
Doch der Weise bewahrt sein inneres Licht,
Ohne es offen zu enthüllen.
In der Not gilt es beharrlich zu sein.

Das Leben

Schwere Zeiten und große Dunkelheit kündigen sich an. Doch was auch immer Schlimmes in der Welt geschehen mag: Solange Sie tief in Ihrem Innersten Liebe, Mitgefühl und Verständnis bewahren, kann Ihnen die dunkle Zeit nicht viel anhaben. Halten Sie Ihre Einsichten zurück, so klug sie auch sein mögen – es ist nicht sinnvoll, sie in die Welt hinauszutragen. Bewahren Sie trotz allem Geduld.

Der Beruf/die Finanzen

Eine wirtschaftliche Krise macht sich bemerkbar. Sie haben Ihre eigenen Gedanken dazu und wüssten auch, guten Rat zu geben – aber besser ist es, wenn Sie sich jetzt in Ruhe üben. Eine günstigere Zeit kommt noch. Fassen Sie sich bis dahin in Geduld, und verfolgen Sie Ihre Ideen beharrlich, ohne sie zu offenbaren.

Die Liebe

Eine Krise in der Liebe naht, die nicht von Ihnen abhängt und an der Sie auch nicht viel werden ändern können. Argumente, Streit und Diskussionen helfen nicht weiter, und so ist es für alle Beteiligten besser, wenn Sie sich davon fern halten. Bewahren Sie sich Ihre Liebesfähigkeit, und verfolgen Sie unbeirrbar Ihre Ziele.

Die Gesundheit

Es scheint, als ob es mit Ihrer Gesundheit im Moment nicht zum Besten stünde. Doch wenn Sie tief in Ihr Inneres blicken, finden Sie dort Ihr inneres Licht, das Sie auf Ihrem Weg führt. Diskutieren Sie darüber nicht, sondern handeln Sie danach.

Sieh gut hin, doch übergehe, was gesehen zu haben gefährlich ist, und sei behutsam, wenn du dich nach dem Übrigen richtest – dann wirst du selten etwas zu bereuen haben.
Konfuzius,
Lun Yü, II, 18

51

䷤ Chia Jen – Die Sippe

Ausdauernde Treue ist vonnöten.
Wenn alles auf seinem rechten Platz steht,
Herrschen Liebe und Ordnung.
Wind kommt aus dem Feuer hervor.

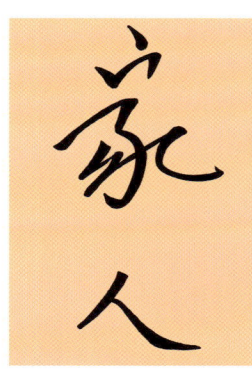

Das Leben

Zuverlässigkeit ist eine große Tugend, die jetzt Erfolg für Sie verspricht. Es ist momentan keine Zeit für Experimente, die die erreichte Ordnung stören könnten – Stabilität ermöglicht Hingabe und Entwicklung. Aus der Ordnung, obgleich sie zunächst dem Stillstand ähnelt, kann sich zuweilen etwas sehr Anregendes entwickeln.

Der Beruf/die Finanzen

Der Himmel spricht nicht – und doch nehmen die Jahreszeiten ihren Lauf.
Konfuzius,
Lun Yü, XVIII, 19

Bevor sich der große berufliche Erfolg einstellt und die Welt im Sturm genommen wird, ist es wichtig, sich zunächst fest zu etablieren. Ordnung, Zuverlässigkeit und Liebe zu dem, was Sie tun, sind entscheidend. Das bedeutet anfangs, konservativ zu planen und das Bestehende zu festigen, um von dort aus zu agieren.

Die Liebe

Lassen Sie sich nicht aus einer Laune heraus verführen; das kurz auflodernde Strohfeuer ist nicht von Dauer, aber es vernichtet das Bestehende. Um nicht lange Gewachsenes zu gefährden, ist es sinnvoll, sich nicht unkontrolliert von Trieben leiten zu lassen, sondern in Treue zu denen zu stehen, die man liebt und die diese Liebe erwidern.

Die Gesundheit

Für eine stabile Gesundheit ist eine stabile, regelmäßige Lebensführung notwendig. Das bedeutet nicht, dass Sie sich in irgendeiner Weise einschränken müssten – es bedeutet lediglich, dass Sie achtsam mit sich selbst umgehen, dass Sie allem den Platz geben, der ihm zukommt: Ruhen Sie in Ruhezeiten, und essen Sie zur Essenszeit.

K'uei – Der Gegensatz

Der edle Mensch ist stets er selbst,
Trotz aller Gemeinsamkeit mit anderen.
Wenn du schlechte Menschen siehst,
Dann nimm es als Anlass, dich vor Fehlern zu hüten.

Das Leben

Das Wichtigste ist, sich selbst treu zu bleiben. Ein Eigenbrötler, der sich von der Gemeinschaft der Menschen vollkommen absondert, bleibt sich selbst nicht treu, denn er wird dem Teil seiner selbst, der der Gemeinschaft bedarf, nicht gerecht. Ebenso geht es jedoch auch demjenigen, der sich, sein Denken und Verhalten voll und ganz dem Urteil der anderen anpasst und dadurch sich selbst verliert.

Der Beruf/die Finanzen

Verlassen Sie sich auch im Berufs- und Geschäftsleben auf Ihre Intuition, und hören Sie nicht allzu sehr darauf, was Ihnen andere Menschen raten. Lassen Sie sich durch Kritik nicht verunsichern, sondern überlegen Sie sich, was davon für Sie nützlich sein könnte und was eher nicht. Versuchen Sie, aus Ihren eigenen und den Fehlern anderer zu lernen.

Die Liebe

Der mehr oder weniger bewusste Wunsch vieler Liebender, mit dem geliebten Menschen ganz und gar zu verschmelzen, ist absolut unrealistisch und baut hohe Erwartungen auf, die nie erfüllt werden können. Versuchen Sie unbedingt, die Fehler, die schon so viele andere Liebende vor Ihnen gemacht haben, zu vermeiden.

Die Gesundheit

Nicht alles, was Ihren Bekannten einmal geholfen hat, ist auch für Sie das Beste. Vertrauen Sie Ihrer Intuition, und hören Sie auf Ihren Körper. Es ist jedoch manchmal durchaus sinnvoll, aus den Fehlern anderer Konsequenzen für sich selbst zu ziehen.

Wie kann jemand wahrhaft treu genannt werden, wenn er es scheut, die zu tadeln, denen er in Treue verbunden ist?
Konfuzius,
Lun Yü, XIV, 8

53

䷦ Chien – Das Hindernis

Ein Hindernis tritt auf.
Förderlich sind nun der weise Rückzug
Und Gemeinsamkeit mit gleich gesinnten Freunden.
Beharrliches Streben zum Inneren bringt Heil.

Das Leben

Manche Widrigkeiten des Lebens sollte man nicht verbissen bekämpfen und ihnen sinnlosen Widerstand leisten, sondern sich ihnen einfach entziehen. Die Gemeinschaft guter Freunde ist in solchen Zeiten ganz besonders wertvoll. Anstatt sein Heil vergeblich in der Welt der Dinge zu suchen, sollte man besser nach innen gehen.

Der Beruf/die Finanzen

Blindheit und Taubheit sind nicht auf das Leibliche beschränkt – auch die Einsicht kann davon befallen sein.
Chuang Tse, Innere Lehren

Im Moment ist es schwierig für Sie, beruflich und finanziell vorwärts zu kommen. Anstatt Ihre Energie damit zu verschwenden, diese Widerstände zu überwinden, sollten Sie sich besser erst einmal zurückziehen und all Ihre Kräfte sammeln. Beraten Sie sich mit guten Freunden, denen es ähnlich geht – aus den gemeinsamen Überlegungen könnten sich interessante Pläne herauskristallisieren.

Die Liebe

Wie Sie in letzter Zeit deutlich merken, hat es wenig Sinn, in der Liebe mit dem Kopf durch die Wand gehen zu wollen. Wenn Sie versuchen, gegen ein Hindernis Widerstand aufzubauen, bewirkt das nur noch stärkeren Gegendruck. Hören Sie auf den Rat Ihrer guten Freunde, und besinnen Sie sich auf Ihre inneren Werte.

Die Gesundheit

Ihre Leistungsfähigkeit stößt allmählich an ihre Grenzen. Hören Sie sorgsam auf Ihre Gefühle, und nehmen Sie den Rat wohlgesinnter Freunde an. Treten Sie kräftemäßig ein wenig kürzer, und geben Sie Ihrer Seele die Streicheleinheiten, die sie braucht.

䷧ Hsieh – Die Befreiung

Gibt es nichts mehr, wohin du gehen könntest,
Bringt Wiederkehren Heil.
Gibt es noch etwas, wohin du gehen musst,
Bringt Schnelligkeit Heil.

Das Leben

Es hat keinen Sinn, zwanghaft immer weiter nach Neuem zu suchen. Das Neue muss auch verarbeitet werden; es ist nötig, immer wieder zu sich selbst zurückzukehren, um sich selbst zu finden. Andererseits gibt es Dinge, die getan werden müssen – es hat keinen Sinn zu zögern; Sie sollten diese Dinge jetzt in Angriff nehmen.

Der Beruf/die Finanzen

Versuchen Sie nicht sinnlos zu expandieren, zu investieren, zu modernisieren oder sich zu verändern. Wenn Erweiterungen oder Investitionen notwendig sind oder wenn eine Beförderung ansteht, sollten Sie dies schnell und mit viel Nachdruck vorantreiben.

Wirf ab die Heiligkeit, wirf ab die Klugheit – so wird der Nutzen groß sein.
Lao Tse, Tao te King, 19

Die Liebe

Wenn es scheint, als ob die einst so große Liebe gestorben sei, klammern sich manche Paare an ihre Erinnerungen. Das genügt jedoch nicht, um die Beziehung zu retten – ein Neuanfang ist nur dann möglich, wenn beide wieder an den Beginn der Partnerschaft zurückkehren und sich neu entdecken. Zieht es Sie voran und nicht zurück, sollten Sie die notwendige Trennung allerdings schnell hinter sich bringen.

Die Gesundheit

Sie haben schon viele Heilmethoden ausprobiert, doch letztlich hat Ihnen keine davon geholfen. Das liegt aber nicht unbedingt an den Methoden, sondern letztendlich in Ihnen selbst. Finden Sie zu sich selbst und kehren Sie zu Ihren Wurzeln zurück. Wenn Sie spüren, dass Sie handeln müssen, dann handeln Sie schnell!

䷨ Sun – Die Verminderung

Wenn Verminderung mit Aufrichtigkeit verbunden ist,
Wird makelloses Heil folgen.
Es ist förderlich, etwas zu unternehmen –
Auch mit kleinen Mitteln kann man Großes ausdrücken.

Das Leben

Immer nur danach zu trachten, noch mehr zu besitzen, noch mehr zu sein, noch mehr zu bedeuten, führt Sie nicht zum Glück. Aber andererseits ist auch die Askese, die als Mittel zum Zweck – »heiliger«, weiser, bedeutender zu werden – eingesetzt wird, ein Irrweg. Nur wenn eine aufrichtige Haltung mit der Selbstbeschränkung einhergeht, ist sie heilsam. Dann beginnt nämlich erst die Erkenntnis zu dämmern, dass in den kleinen Dingen die wahre Größe liegt.

Der Beruf/die Finanzen

»Kleiner, aber feiner« ist das Motto, das beruflichen und finanziellen Erfolg verspricht. Allerdings wird es Ihnen nicht glücken, exklusiver erscheinen zu wollen, wenn keine Einsicht dahintersteckt. Es ist nicht ratsam, die Exklusivität lautstark anzupreisen; das Kleine, Edle, Ungewöhnliche spricht immer für sich selbst.

Wer nur grobe Nahrung zum Essen, nur Wasser zum Trinken, nur seinen Arm als Ruhekissen braucht, der hat das Glück gefunden, ohne es gesucht zu haben.
Konfuzius,
Lun Yü, VII, 15

Die Liebe

Wenn die großen Ansprüche in der Liebe, die niemals von einem Partner erfüllt werden können, aus aufrichtig erkennendem Herzen heraus aufgegeben werden, wird sich die Erfüllung wie von selbst einstellen. Kleine Dinge bewirken Großes.

Die Gesundheit

Eine gewisse Beschränkung des Konsums ist ratsam, wenn sie nicht aus Zwang erfolgt und keine unangenehmen Gefühle verursacht. Die Veränderung des Lebensstils kann Ihnen große Vorteile bringen. Schon kleine Veränderungen machen sich bemerkbar.

䷩ I – Die Vermehrung

Vermehrung in aufrechter Gesinnung ist Erfolg beschieden.
Der edle Mensch sieht Gutes und ahmt es nach;
Erkennt er Fehler, legt er sie ab.
Das große Wasser zu überqueren ist förderlich.

Das Leben

Seine Fähigkeiten, seine Einsichten und Möglichkeiten zu vermehren ist sinnvoll, wenn diese inneren Werte nicht nur als Mittel zum Zweck angestrebt werden. Jetzt ist eine gute Zeit, um mit einer aufrichtigen Haltung seinen inneren Wohlstand zu erhöhen.

Der Beruf/die Finanzen

Nur wenn Sie Geld und Erfolg nicht um ihrer selbst willen anstreben, werden Sie Erfolg haben. Blicken Sie einmal mit offenen Augen und offenem Herzen um sich, und versuchen Sie, aus den Fehlern wie aus den positiven Handlungen anderer Menschen etwas für sich selbst zu lernen. Es lohnt sich, Risiken einzugehen.

Die Liebe

Der Wunsch nach Kindern wird in Erfüllung gehen, wenn der aufrechte Wunsch aus dem Herzen kommt. Die eigenen Motive sollten Sie sich dabei ehrlich bewusst machen. Ein Kinderwunsch aus innerer Einsamkeit und Leere oder aus Angst um die Partnerschaft ist nicht heilsam. Vermeiden Sie die Fehler, die Ihre Eltern gemacht haben – aber ohne nun eigene Ängste zu entwickeln: Das Leben an sich ist ein Risiko.

Die Gesundheit

Sie können Ihre Gesundheit wesentlich verbessern, wenn Sie sich selbst gegenüber vollkommen aufrichtig sind. Sehr viel können Sie auch für Ihre Gesundheit tun, indem Sie aus den Fehlern anderer Menschen lernen und versuchen, sich positive Beispiele zum Vorbild zu nehmen. Ein Klimawechsel oder eine Reise würden Ihnen gut tun.

Einen Fehler machen und sich nicht bessern: Erst das ist ein wirklicher Fehler.
Konfuzius,
Lun Yü, XV, 29

☰ Kuai – Die Entschlossenheit

Mit Entschlossenheit muss die Wahrheit verkündet werden,
Denn sonst droht Gefahr.
Zu den Waffen zu greifen ist nicht förderlich –
Förderlich ist es, etwas zu unternehmen.

Das Leben

Es ist nicht immer leicht und auch nicht immer sinnvoll, die Wahrheit zu sagen. Doch jetzt ist es an der Zeit, das, was man erkannt hat, offen auszusprechen und die Gefahren, die man sieht, beim Namen zu nennen. Es ist dabei nicht ratsam, verletzend zu werden und andere anzugreifen – aber es ist Zeit, entschlossen zu handeln.

Der Beruf/die Finanzen

Am Morgen die Wahrheit vernehmen und am Abend sterben: Das ist nicht schlimm.
Konfuzius,
Lun Yü, IV, 8

Wenn Sie jetzt in einer beruflichen Angelegenheit schweigen, werden Sie es wahrscheinlich bald bereuen. Teilen Sie den anderen mit, was Sie zu sagen haben, auch wenn es unangenehme Wahrheiten sein mögen. Es ist wichtig, mit Entschlossenheit vorzugehen – wenn Sie jetzt handeln, sind keine gewaltsamen Maßnahmen notwendig.

Die Liebe

Nur zu oft zerbricht eine Partnerschaft daran, dass unangenehme Wahrheiten nicht offen ausgesprochen werden. Eine Aussprache muss nicht verletzen – ganz im Gegenteil: Sie sollten unbedingt vermeiden, persönlich verletzend zu werden. Doch wenn Sie nicht aussprechen, was Sie berührt, kann sich auch nichts ändern.

Die Gesundheit

Eine Diagnose kann oft schlimmer klingen, als die Krankheit wirklich ist. Aber eine unangenehme Diagnose einfach nicht zur Kenntnis zu nehmen, bringt Ihnen keine Heilung. Es ist durchaus nicht ratsam, immer gleich zu operieren – aber Sie sollten sich jetzt entschließen etwas zu unternehmen und nicht einfach weiter abwarten.

Kou – Das Entgegenkommen

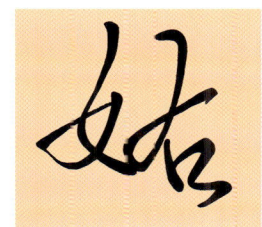

Das Weibliche und das Männliche
Kommen einander entgegen.
Das Mädchen ist mächtig – man soll es nicht heiraten.
Der edle Mensch erkennt die Gefahr.

Das Leben

Alles im Leben hat zwei Pole: männlich und weiblich, Tag und Nacht, Schwarz und Weiß, Mond und Sonne, Sommer und Winter ... Es ist von großer Wichtigkeit für Sie zu erkennen, dass die beiden Pole keine Gegensätze sind, sondern dass sie einander ergänzen. Es besteht jedoch die Gefahr, dass Ihre Unterscheidungsfähigkeit verloren geht und dass es dadurch zu folgenreichen Fehlentscheidungen kommt.

Der Beruf/die Finanzen

Hartes Verhandlungsgeschick und Nachgiebigkeit ergänzen sich hervorragend. Die Nachgiebigkeit darf nicht unterschätzt werden – sie ist eine starke Kraft: Achten Sie auf die Gefahr, und fallen Sie nicht auf scheinbare Nachgiebigkeit herein.

Die Liebe

Es ist wahr, dass Männer und Frauen gleichberechtigt und gleichwertig sind – aber sie sind trotzdem nicht das Gleiche! Das Weibliche ist genauso wichtig wie das Männliche – das Männliche ebenso wichtig wie das Weibliche. Es besteht im Augenblick die Gefahr, dass das weibliche Moment überwiegt und die Harmonie gestört wird.

Die Gesundheit

Die alternative, sanfte, naturnahe Medizin hat enorme Vorteile – aber auch sie ist nicht die ganze Wahrheit. Es besteht die Gefahr, dass sanfte Methoden unangemessen eingesetzt werden. Wenn das Gleichgewicht der Gesundheit bereits sehr stark gestört ist, kann ein starker, sonst schädlicher Gegenimpuls notwendig sein.

> **Wenn zwei die Waffen gegeneinander erheben, siegt der, welcher das Leid empfindet.**
> *Lao Tse, Tao te King, 69*

䷬ Ts'ui – Die Versammlung

Der Versammlung ist Erfolg beschieden.
Den großen Menschen zu erkennen bringt Gelingen.
Beharrlichkeit und Unternehmungen sind förderlich.
Große Opfer bringen großes Heil.

Das Leben

Der Mensch bedarf der Gemeinschaft mit anderen. Es ist jetzt eine gute Zeit, um gemeinsam mit anderen Menschen auf ein Ziel hinzuarbeiten. Eine Gruppe kommt schneller voran, wenn eine starke Persönlichkeit Halt gibt. Es lohnt sich, etwas, an dem man hängt, aufzugeben – für die innere Entwicklung ist ein Opfer ein Gewinn, aber es gilt auch, dass das, was man von Herzen gibt, doppelt zurückkehrt.

Der Beruf/die Finanzen

Über das, was geschehen ist, ist es sinnlos zu streiten.
Konfuzius,
Lun Yü, III, 21

Es ist jetzt sinnvoll, sich mit anderen zu beraten. Eine Versammlung von Menschen, die sich gemeinsam Gedanken machen, kann wichtige Impulse geben, insbesondere dann, wenn auch Experten hinzugezogen werden. Geduld und Risikobereitschaft sind Erfolg versprechend. Denken Sie daran, dass ein kurzfristiger Verlust sich längerfristig gesehen manchmal als Gewinn entpuppen kann.

Die Liebe

Es ist nicht gut, sich von allen Freunden abzukapseln. Gerade jetzt wäre es gut, mit Freunden zusammenzutreffen. Ein Opfer für die Liebe zu bringen verheißt große Freude.

Die Gesundheit

Bei Gesprächen mit anderen Menschen können Sie etwas Wichtiges für Ihre Gesundheit lernen; wenn Sie offen dafür sind, können Sie auch eine für Sie wichtige Person kennen lernen. Bewahren Sie Geduld, geben Sie nicht auf. Was zunächst als großes Opfer erscheint, wird Ihre Gesundheit und Ihr Wohlbefinden enorm fördern.

Sheng – Das Emporkommen

Dem Emporkommen ist erhabener Erfolg beschieden.
Nicht notwendig ist es, den großen Menschen zu erkennen.
Es gibt nichts, wovor du dich fürchten müsstest –
Doch musst du nun aufbrechen.

Das Leben

Die höchsten Ziele im Leben anzustreben bringt Ihnen großen Nutzen. Es ist unnötig, dass Sie bedeutenden, großartigen Persönlichkeiten nachzueifern versuchen – die tiefste Weisheit liegt in Ihrem eigenen Inneren verborgen. Fürchten Sie sich nicht, Ihr Unterbewusstsein in seinen Tiefen zu erforschen – nutzen Sie die günstige Zeit.

Der Beruf/die Finanzen

Die Zeit ist günstig, um sich beruflich und finanziell zu verbessern. Sie sollten keine falsche Bescheidenheit zeigen – haben Sie nicht zu viel Respekt vor Vorgesetzten oder besser Gestellten. Wenn Sie jetzt selbstbewusst Ihre Pläne in die Tat umsetzen, brauchen Sie sich vor nichts zu fürchten: Der Erfolg wird mit Sicherheit kommen.

Die Liebe

Sie sollten keine unangemessenen Bedenken haben, mit einem Menschen, von dem Sie glauben, er sei attraktiver, interessanter, charmanter, liebenswerter usw. als Sie, ernsthaft zu konkurrieren: Die Liebe hat ihre eigene Logik. Verabschieden Sie sich von unangebrachter Schüchternheit, und folgen Sie von jetzt an Ihrem Herzen.

Die Gesundheit

Eine gute Zeit, sich körperlich, seelisch und geistig zu entwickeln. Auch Autoritäten, Halbgötter in Weiß und andere Gurus können sich irren – vertrauen Sie lieber Ihren eigenen Gefühlen. Sie selbst wissen am besten, was gut für Sie ist. Haben Sie keine Angst davor, die Dinge in die eigene Hand zu nehmen; je früher, desto besser.

Lerne so, als verfolgtest du jemanden, den du nicht einholen kannst, und den aus den Augen zu verlieren du fürchtest.
Konfuzius,
Lun Yü, VIII, 17

䷮ K'un – Die Erschöpfung

Die Not führt zum Gelingen.
Der edle Mensch bleibt ohne Makel.
Auch wenn er Wichtiges zu sagen hat,
so wird ihm nicht geglaubt.

Das Leben

»In der Not frisst der Teufel Fliegen« – so weit müssen Sie nicht gehen. Wenn eine Notlage eintritt, sollten Sie nicht resignieren oder sich selbst untreu werden, sondern sich bewusst werden, dass eine Problemsituation Ihnen neue, wertvolle Impulse und Einsichten geben kann. Hüten Sie sich jedoch davor, Ihre Erkenntnisse gleich weiterzugeben – Sie werden auf wenig Verständnis stoßen.

Der Beruf/die Finanzen

Der, der weiß, redet nicht. Der, der redet, weiß nicht.
Lao Tse, Tao te King, 56

Not macht erfinderisch – ein Problem führt zu einer Problemlösung, und auf dem Weg dorthin können wichtige Ideen entstehen. Kommen Sie in einer Notlage nicht auf abwegige Gedanken, mit denen Sie sich untreu werden. Ihre Lösungsvorschläge sollten Sie erst einmal für sich behalten – man wird nicht auf Sie hören.

Die Liebe

Verlieren Sie nicht Ihren Glauben an die Liebe: Wenn Sie der Liebe am dringendsten bedürfen, wird sie unfehlbar auf Sie zukommen. Gehen Sie keine faulen Kompromisse ein. Bei einer Aussprache mit Ihrem Partner stoßen Sie auf taube Ohren.

Die Gesundheit

Eine Krankheit beinhaltet auch die Botschaft, die für ihre Heilung und für Ihre persönliche Entwicklung von großer Bedeutung ist. Vertrauen Sie Ihren intuitiven Einsichten, aber hüten Sie sich davor, Ihren Freunden und Bekannten jetzt Ihre Erkenntnisse mitzuteilen, auch wenn sie davon großen Nutzen hätten.

Ching – Der Brunnen

Du kannst den Krug, doch nicht den Brunnen ändern.
Er nimmt nicht zu, er nimmt nicht ab,
Sie kommen und gehen und schöpfen das Wasser.
Nur das Zerbrechen des Kruges bringt Unheil.

Das Leben

Das Gefäß lässt sich verändern, doch die Quelle, aus der man schöpft, bleibt die gleiche. Es liegt an Ihnen, ob Sie einen großen, schönen, sauberen Krug verwenden oder einen kleinen, undichten und verschmutzten. Jederzeit können Sie das Gefäß verbessern, die Quelle bleibt doch unerschöpflich. Das Gefäß jedoch hat nur eine gewisse Dauer – ist es erst einmal zerbrochen, ist es zu spät zu schöpfen.

Der Beruf/die Finanzen

Ihre Fähigkeiten, Kenntnisse und Möglichkeiten können Sie erweitern – nutzen Sie das Potenzial, das in Ihnen liegt! Was Sie in sich selbst investieren, lohnt sich am meisten. Vergessen Sie trotz der Möglichkeiten, Karriere zu machen und sich finanziell zu verbessern, nicht, dass Ihre Lebenszeit wie die aller Menschen begrenzt ist.

Die Liebe

Das Maß der Liebe, die Sie geben können und die Ihnen ein Partner geben kann, wird sich nicht verändern – es kommt darauf an, Ihre Liebe zum Ausdruck zu bringen und die Liebe im anderen zu wecken. Wenn die Partnerschaft zerbrochen ist, wird es sehr schwierig, wieder hingebungsvoll und vertrauensvoll Liebe zu erfahren.

Die Gesundheit

Sie können an sich – Ihrem Körper, Ihrem Geist und Ihrer Seele – jederzeit, unabhängig von Ihrem Alter, arbeiten. Die Freude, die Sie aus Ihrer Gesundheit gewinnen können, wird sich nie verändern, doch Sie werden nicht ewig leben – daran sollten Sie immer denken!

Auch wenn sich Haarspitzenzerteiler und Himmelsausmesser zusammentun, werden sie nicht die Welt begreifen oder ihren Urgrund erkennen.
Chuang Tse
Innere Lehren

63

☰ Ko – Die große Veränderung

Der großen Veränderung ist Erfolg beschieden
Am rechten Tag und mit dem rechten Vertrauen.
Beharrlichkeit ist förderlich,
Und nichts ist zu bereuen.

Das Leben

Ein Leben, in dem es keine Veränderungen gibt, ist dem Tod schon recht ähnlich. Jetzt ist eine gute Zeit, um große Veränderungen in Gang zu setzen. Nutzen Sie die günstige Gelegenheit, und schreiten Sie mit Vertrauen zur Tat. Auch aus Fehlern können Sie lernen; akzeptieren Sie daher auch zunächst unangenehme Veränderungen, und lieben Sie Ihre Fehler, anstatt sie zu bereuen.

Der Beruf/die Finanzen

Was verkleinert werden soll, muss zuvor vergrößert werden. Was geschwächt werden soll, muss zuvor gestärkt werden. Denn: Das Weiche und Schwache überwindet das Harte und Starke.
Lao Tse, Tao te King, 36

Es ist jetzt an der Zeit, dass Sie sich beruflich verändern. Warten Sie den rechten Zeitpunkt ab – aber nicht zu lange! –, und setzen Sie Vertrauen in sich selbst. Wenn Sie Ihre Pläne mit Beharrlichkeit verfolgen, werden Sie es nicht bereuen.

Die Liebe

Es bahnt sich eine große Veränderung an, die sich sehr günstig für Sie auswirken kann, wenn Sie die Chance nicht durch unangebrachte Zweifel zerstören. Nutzen Sie die Gelegenheit, und bleiben Sie bei der Sache! Es geht um eine wichtige Entwicklung für Sie – Sie sollten sich nicht unnötig mit Selbstvorwürfen quälen.

Die Gesundheit

Sie haben in letzter Zeit schon einmal daran gedacht, Ihre Lebensgewohnheiten grundlegend zu verändern. Jetzt ist es an der Zeit: Setzten Sie diese Gedanken in die Tat um! Handeln Sie dabei aber nicht überstürzt, sondern warten Sie geduldig den rechten Zeitpunkt ab – ohne Zweifel, sondern voller Vertrauen in das Kommende.

Ting – Die Opferschale

Ein Opfer zu bringen bringt Heil.
Wird die Schale umgekehrt,
Wird sie von Unrat entleert.
Demütiges Empfangen führt zum Erfolg.

Das Leben

Sich im Leben zwanghaft an Dinge anzuklammern bringt nichts, außer Leid. Etwas aufzugeben mag zunächst als schmerzhaft empfunden werden, doch erweist es sich schließlich meist doch als Gewinn. Auch wenn Sie es sich schwer vorstellen können: Es wirkt befreiend, wenn Sie sich von unnützem Ballast, materiellem wie auch geistigem, lösen. Dadurch werden Sie auch aufnahmefähiger für beglückende neue Eindrücke und Erfahrungen.

Der Beruf/die Finanzen

Es ist jetzt eine gute Zeit, um sich endlich von etwas zu trennen, auch – oder gerade – wenn es ein großes Opfer für Sie bedeutet. Wenn Sie sich erst einmal dazu durchgerungen haben, werden Sie sich fragen, wieso Sie es nicht schon früher getan haben. Wenn Sie dann nicht übermütig werden, kommt ein großer Erfolg auf Sie zu.

Wer ohne Begehren ist, wird das Geheime erkennen. Wer voller Begehren ist, dem bleibt Erkenntnis verwehrt.
Lao Tse, Tao te King, 1

Die Liebe

Eine Trennung von einem vertrauten Menschen fällt immer schwer, besonders wenn viele gemeinsame Erlebnisse ein festes Band zwischen den Partnern bilden. Doch wenn es an der Zeit ist, sollten Sie das erkennen und sich von einer Beziehung, die nicht mehr von Liebe bestimmt ist, lösen.

Die Gesundheit

Geben Sie eine schlechte Angewohnheit jetzt auf, die Zeit ist günstig dafür. Zunächst wird Ihnen das Aufgeben als schmerzliches Opfer erscheinen, doch bald werden Sie das Opfer als Geschenk empfinden. Befreit von einer schädlichen Gewohnheit, werden Sie ein hohes Maß an Gesundheit und Lebensfreude gewinnen.

Chen – Die Erschütterung

Die Erschütterung bringt Erfolg.
Zunächst kommt der Donner,
Dann das Lachen,
Wenn du nur gelassen bleibst.

Das Leben

Es wird ein Ereignis auf Sie zukommen, das Sie tief berühren und wahrscheinlich zunächst erschrecken wird. Versuchen Sie trotzdem, Ihre Gelassenheit zu bewahren – Sie werden auf Dauer aus diesem Erlebnis großen Gewinn für Ihre weitere persönliche Entwicklung ziehen. Was Ihnen im ersten Moment vielleicht unangenehm ist, wird sich später als etwas sehr Angenehmes herausstellen.

Der Beruf/die Finanzen

Schreiben ist gut, doch Denken ist besser. Klugheit ist gut, doch Geduld ist besser.
Hermann Hesse

Verfallen Sie nicht gleich in Panik, wenn scheinbar eine Bedrohung auf Sie zukommen sollte. Was im ersten Augenblick vielleicht gefährlich aussieht, wird sich bald als großer Vorteil für Sie herausstellen. Bewahren Sie sich Ihre Gelassenheit und Ihren Humor, dann wird sich die Situation in Wohlgefallen auflösen.

Die Liebe

Manchmal kann in einer Beziehung ein reinigendes Gewitter notwendig sein. Jetzt ist bei Ihnen so eine Zeit gekommen. Solange Sie die Angelegenheit noch gelassen nehmen und mit etwas Humor sehen können, wird sich alles zum Besten wenden.

Die Gesundheit

Was zunächst einmal wie eine schwere gesundheitliche Krise aussieht, wird sich später als äußerst heilsam für Sie erweisen. Lernen Sie gelassener zu werden und auch einmal über sich selbst lachen zu können, denn davon werden Ihr Wohlbefinden und Ihre Gesundheit profitieren, ganz zu schweigen von Ihrer Lebensfreude.

Ken – Der Berg

Halte den Rücken gerade und ruhig wie ein Berg,
Dass die Bewegungen des Herzens dich nicht erschüttern.
Tritt dann in die Welt hinaus
Und erkenne die Ruhe im Bewegten.

Das Leben

Es ist wichtig, aufrecht durchs Leben zu gehen und innere Ruhe zu finden. Gefühle machen den Menschen ebenso aus wie Gedanken oder der Körper. Es ist jedoch nicht gut, sich immer nur von seinen Gefühlen bestimmen zu lassen. Wenn Sie Stille in sich gefunden haben, werden Sie die Stille auch in der Welt finden.

Der Beruf/die Finanzen

Auch für das Berufs- und Geschäftsleben gilt, dass es von Vorteil ist, innerlich stets aufrecht zu bleiben und sich nicht auf gefährliche Irrwege zu begeben. Ängste, Wünsche und Begierden sind keine guten Ratgeber – besonders nicht, wenn es um finanzielle Transaktionen oder wichtige berufliche Entscheidungen geht.

Die Liebe

Seien Sie aufrichtig sich selbst und Ihrem Partner gegenüber. Hören Sie auf Ihr Herz, aber lassen Sie sich nicht durch die heftigen Bewegungen Ihres Herzens, seine Ängste und Befürchtungen, beeinflussen. Finden Sie Ruhe in Ihrem Inneren – dann werden Sie, wenn Sie in die Welt hinausblicken, auch dort Ruhe finden.

Die Gesundheit

Ihre Gesundheit kann sehr viel davon profitieren, wenn Sie sich täglich in Meditation üben. Sitzen Sie gerade, beobachten Sie Ihre Gedanken und Gefühle, und kommen Sie allmählich zur Ruhe. Der Stress, der Sie im Moment so belastet, wird sich dann schnell auflösen und einem umfassenden Wohlbefinden weichen.

Ohne das Haus zu verlassen, kann man das Wesen der Erde verstehen; ohne aus dem Fenster zu blicken, kann man das Wesen des Himmels verstehen. Je weiter man hinausgeht, desto geringer wird das Verständnis.
Lao Tse, Tao te King, 47

67

☴ Chien – Die Entwicklung

Es braucht Zeit, bis die Entwicklung Erfolg zeigt.
Beständigkeit ist förderlich.
So ruht der edle Mensch in tugendhafter Weise,
Um die Sitten nachhaltig zu bessern.

Das Leben

Eine Entwicklung benötigt ihre Zeit. Verlieren Sie nicht die Geduld, und bleiben Sie beharrlich auf Ihrem Weg – der Erfolg wird sich mit Sicherheit einstellen. Es ist auch für Sie selbst von Vorteil, wenn Sie sich bemühen, so zu leben, dass Sie ein Vorbild für andere sein können, ohne sich in sinnlosen Aktivitäten zu verlieren; die Veränderungen, die Sie in Ihrer Umgebung auslösen, wirken positiv auf Sie zurück.

Der Beruf/die Finanzen

Die Pflicht erkennen und nicht danach handeln: Das ist Mangel an Mut.
Konfuzius,
Lun Yü, II, 24

Sie sind beruflich auf einem guten Weg zum Erfolg – bleiben Sie auf diesem Weg, und werden Sie nicht ungeduldig. Bleiben Sie auch weiterhin möglichst gelassen, und setzen Sie Ihre Fähigkeiten, Ihre Mitarbeiter positiv zu beeinflussen und zu führen, sparsam, aber effektiv ein, um das Arbeitsklima nachhaltig zu verbessern.

Die Liebe

Eine Liebe auf den ersten Blick muss sich nicht unbedingt als die tiefste Liebe erweisen. Eine wirkliche menschliche Nähe benötigt manchmal viel Zeit, um sich entwickeln zu können. Geben Sie ihr diese Zeit. Verlieren Sie sich nicht in Eifersucht und Egoismus, sondern beweisen Sie im Alltag, wie ein liebevolles Leben aussieht.

Die Gesundheit

Versprechen Sie sich von einem neuen Weg in Ihrer Gesundheitsvorsorge keine sofortige Wirkung; gerade eine sanfte Methode benötigt Zeit. Wenn Sie Ihren Lebensstil anders und vor allem positiver gestalten, können Sie auch Ihre Umgebung positiv beeinflussen.

Kuei Mei – Die Braut

Das Neue bedarf der Zurückhaltung zum Erfolg,
Unternehmungen bringen kein Heil.
Durch die ewige Dauer des Endes
Erkennt der edle Mensch die Vergänglichkeit.

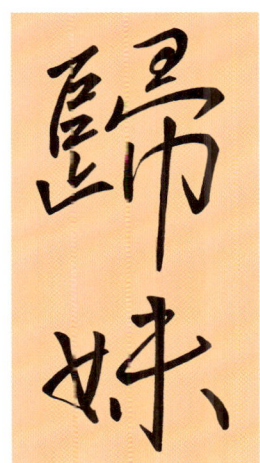

Das Leben

Immer wieder etwas Neues in das Leben einzubringen ist von unschätzbarem Vorteil. Damit es sich allerdings nachhaltig positiv auswirken kann, sollten Sie sich bei der Anwendung des Neuen eine gewisse Zurückhaltung auferlegen – zunächst sollten Sie sich mit dem Neuen vertraut machen. Neues an sich sollte man auch nicht überbewerten: Die Vergänglichkeit durchdringt es wie alles andere.

Der Beruf/die Finanzen

Neuerungen sind Erfolg versprechend, aber sie sollten langsam und mit Bedachtsamkeit eingeführt werden. Es sollten nicht gleichzeitig auch noch größere Pläne in die Tat umgesetzt werden. Was vorbei ist, ist vorbei – erkennen Sie dies, und begreifen Sie, dass es keinen Sinn hat, über die Maßen an Altem festhalten zu wollen.

Die Liebe

Eine neue Liebe verführt meist zum Überschwang. Hüten Sie sich davor, und üben Sie sich stattdessen in Zurückhaltung. Es ist nicht angebracht, große Pläne zu verwirklichen. Machen Sie sich klar, dass auch das Neue der Vergänglichkeit unterworfen ist.

Die Gesundheit

Neue Methoden und Wege der sanften Medizin sind zwar oft erfolgreich, doch sie sollten immer differenziert und mit Zurückhaltung angewandt werden. Übereifer ist auch hier schädlich. Gesundheit und Lebensfreude müssen stets als Einheit gesehen werden, denn letztendlich sind wir alle der Vergänglichkeit preisgegeben.

Die Natur ist ein wunderbares Werkzeug, doch nicht zum Werken nutzbar – wer es gebraucht, zerstört es, wer es ergreift, verliert es.
Lao Tse, Tao te King, 29

Feng – Der Reichtum

Reichtum bringt Gelingen,
Doch bedarf es dazu eines edlen Menschen,
Für den sich Trauer nicht ziemt
Und der der Mittagssonne gleicht.

Das Leben

Reichtum ist ein großer Vorteil im Leben: Sowohl äußerer wie auch innerer Wohlstand können Ihre persönliche Entwicklung fördern. Dazu bedarf es jedoch einer gewissen Reife und visionären Kraft. Vorurteile sind schädlich – hüten Sie sich deshalb davor! Reichtum des Herzens ist Sonne für die Seele, materieller Reichtum schafft die materielle Grundlage für höher strebende Gedanken und Ziele.

Der Beruf/die Finanzen

Wenn das Innen verkümmert und das Außen glänzende Formen annimmt, was nützen da Gesetze?
Chuang Tse

Eine gewisse materielle Grundlage verspricht ein sicheres Gelingen Ihrer groß angelegten Pläne. Aber auch innerer Reichtum ist für berufliche und finanzielle Angelegenheiten ungemein förderlich. Am wichtigsten ist es jedoch, von seinem Reichtum positiven Gebrauch zu machen: Freude schaffen, Leiden lindern und keinen Neid bei anderen erzeugen – so wird sich jeder Reichtum vervielfachen.

Die Liebe

Eine große Liebe ist das wertvollste und kostbarste Gut des Herzens. Doch auf die große Liebe folgt oft großes Leid. Deshalb bedarf es einer gewissen inneren Weisheit, die auch einen großen Verlust annehmen kann und das Leiden in Liebe verwandelt.

Die Gesundheit

Gesundheit ist zuallererst Gesundheit der Seele. Sind wir traurig und pflegen immer nur negative Gefühle und Gedanken, können wir nicht wirklich gesund sein. Innerer Reichtum zieht unweigerlich Gesundheit nach sich, wenn man ihn anzuwenden versteht.

Lü – Der Wanderer

Durch Achtsamkeit und Zuvorkommenheit
Gelangt der Wanderer zu Erfolg.
Er hat innerliche Festigkeit
Und trägt seinen Besitz bei sich.

Das Leben

Ein Übermaß an Sicherheit ist Ihrer Entwicklung nicht förderlich, sondern hindert nur Ihre Beweglichkeit. Ängstlichkeit ist auf dem Weg zum Erfolg hinderlich. Achtsamkeit und Freundlichkeit führen Sie auf den richtigen Weg. Der wahre Reichtum liegt im Herzen und in der Seele verborgen – dort ist er sicher aufgehoben und gibt Ihnen innere Festigkeit und Halt.

Der Beruf/die Finanzen

Berufliche und finanzielle Sicherheit bedeuten oft auch eine gewisse Einschränkung – im persönlichen wie auch im finanziellen Bereich: Ohne Risiko ist die Chance auf hohen Gewinn kaum zu realisieren. Geistige Wachheit und emotionale Intelligenz sind wichtig. Den wichtigsten Besitz tragen Sie in sich selbst.

Die Liebe

Nicht für jeden ist jederzeit eine feste Beziehung gut. Wechselnde Beziehungen sind häufig eine Flucht vor dem Selbst. Wichtig sind innere Festigkeit, Achtsamkeit und Liebe zu den Menschen. Es gilt die Quelle der Liebe im Innersten zu entdecken.

Die Gesundheit

Bei gesundheitlichen Problemen, aber auch bei der Gesundheitsvorsorge, sollten Sie sich nicht zu sehr auf eine Lehrmeinung oder Methode verlassen. Wichtig ist, dass Sie achtsam bleiben und allen Ratgebern zuhören; von jedem können Sie etwas lernen. Bewahren Sie sich jedoch stets Ihre innere Festigkeit, und denken Sie daran, dass Ihr »innerer Arzt« und Ihre Intuition die besten Heiler sind.

Je stärker die Begierde, desto größer der Aufwand; je größer der Besitz, desto schwerer der Verlust. Wer weiß, wann es genug ist, kennt keine Bedrohung.
Lao Tse, Tao te King, 44

71

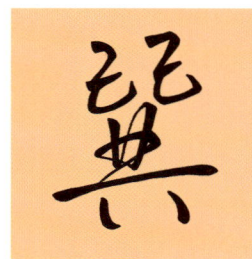

䷸ Sun – Der Wind

Der edle Mensch verbreitet sein Wirken
Sanft eindringend wie der Wind.
Durch Sanftmut und Kleinheit kommt Erfolg.
Förderlich ist, das Ziel zu kennen, zu dem der Weg führt.

Das Leben

Es ist sinnvoller, im Stillen zu wirken, als sein Tun lautstark anzukündigen und es selbst zu loben. Das Unaufdringliche wirkt nachhaltiger. Durch Aufdringlichkeit und Großtuerei entsteht in den Menschen ein Widerstand – durch Sanftmut und Bescheidenheit löst er sich dagegen auf. Um eine starke Wirkung zu erzielen, ist es notwendig, sich über seine Ziele voll und ganz im Klaren zu sein.

Der Beruf/die Finanzen

Machen Sie keinen großen Wirbel, was Ihre beruflichen und finanziellen Angelegenheiten angeht; Sie könnten sich damit schaden. Freundlichkeit und Bescheidenheit in allen beruflichen Kontakten zahlen sich aus. Überlegen Sie gut, was Sie tun, und setzen Sie konsequent durch, was Sie für richtig erkannt haben.

Wer die Menschen kennt, ist klug, wer sich selber kennt, ist erleuchtet. Wer die Menschen besiegt, hat Macht, wer sich selbst besiegt, hat Stärke.
Lao Tse, Tao te King, 22

Die Liebe

Mit Sanftmut und Bescheidenheit kommen Sie in der Liebe schneller ans Ziel Ihrer Wünsche, als wenn Sie Ihre Vorzüge in ein möglichst gutes Licht stellen – dadurch werden Sie eher Argwohn wecken. Aufdringliches Verhalten bringt Ihnen keinen nachhaltigen Erfolg. Sie sollten genau wissen, was Sie wollen, bevor Sie handeln.

Die Gesundheit

Am Anfang des Heilungsprozesses steht die Zielbestimmung: Was genau wollen Sie erreichen? Geht es Ihnen um das Unterdrücken der Symptome oder um wirkliche Heilung? Wirkliche Heilung erreichen Sie eher mit sanften und wenig sensationellen Mitteln.

☱ Tui – Der See

Wahrhaftiger Heiterkeit ist Erfolg beschieden.
Beharrlichkeit ist förderlich,
Damit die Freude nicht zum Übermut entartet.
Freundlichkeit gewinnt die Herzen.

Das Leben

Eine echte Heiterkeit, die aus dem tiefsten Inneren des Herzens kommt, wird stets bei anderen erfolgreich sein. Heiterkeit darf jedoch nicht mit lautem Lachen, Albernheit oder Übermut verwechselt werden. Ein inneres, freundliches Lächeln über sich selbst und die Welt gewinnt die Herzen der anderen und befreit das eigene.

Der Beruf/die Finanzen

Was können Sie tun, um im Beruf erfolgreicher zu sein? Wenn Sie mit mehr innerer Freude ans Werk gehen, wenn Sie sich selbst weniger ernst nehmen, immer freundlich zu Ihren Kollegen, Mitarbeitern oder Geschäftspartnern sind und gleichzeitig Geduld beweisen, werden Sie dem Erfolg kaum aus dem Weg gehen können.

Der Wissende ist dem Forschenden unterlegen; der Forschende ist dem Heiteren unterlegen.
Konfuzius,
Lun Yü, VI, 18

Die Liebe

Sie können noch so viele Vorzüge haben – sie alle zusammen sind in der Liebe nicht so stark wie gelassene Heiterkeit, Geduld mit dem anderen, stetige, von Herzen kommende Freundlichkeit und Respekt vor dem anderen als fühlendem Menschen.

Die Gesundheit

Es muss nicht immer gleich der Weg in die Arztpraxis sein. Wir alle verfügen über einen »inneren Arzt« – unter anderem das Immunsystem –, der unsere Wunden schließt, Verletzungen heilt und Krankheiten besiegt. Durch innere Heiterkeit und Geduld erleichtern Sie Ihrem »inneren Arzt« seine Arbeit. Soziale Kontakte sind ebenfalls wichtig: Durch aufrichtige, einfühlsame Freundlichkeit gewinnen Sie die Zuneigung der anderen.

 Huan – Die Auflösung

Die Auflösung des Festen bringt Gelingen.
Der Herrscher nähert sich dem Tempel,
Und durch gemeinsame Freude löst sich die Erstarrung.
Förderlich ist es, das große Wasser zu überqueren.

Das Leben

Das Festgefahrene ist unbrauchbar und sollte aufgelöst werden. Wenn Sie dies jetzt in Angriff nehmen, ist Ihnen Erfolg beschieden. Indem Sie Ihrem wahren Selbst näher kommen, erfahren Sie Freude in Gemeinschaft anderer Menschen, und das Festgefahrene löst sich. Es ist eine günstige Zeit für Unternehmungen und Reisen.

Der Beruf/die Finanzen

Der Fisch lebt im Wasser und fühlt sich darin wohl. Versuchte jedoch der Mensch im Wasser zu leben, wäre es sein Tod. Die Wesen unterscheiden sich durch ihre Neigungen und Abneigungen.
Chuang Tse, Innere Lehren

Feste Strukturen beeinträchtigen die Konkurrenzfähigkeit, berufliche Flexibilität ist gefragt. Wenn sich Vorgesetzte und Untergebene an einen Tisch setzen und einen gemeinsamen Nenner finden, lösen sich Erstarrungen, und geschäftlicher Erfolg stellt sich von selbst ein. Es lohnt sich in jedem Fall, ein Risiko einzugehen.

Die Liebe

Die Beziehung ist erstarrt. Dieser Zustand ist nicht haltbar und schädlich für beide Partner. Entweder die Erstarrung oder die Beziehung sollte aufgelöst werden. Am gewinnbringendsten für die seelische Verfassung ist es, wenn sich die Erstarrung im Wiederfinden der gegenseitigen Liebe löst. Eine Reise ist jetzt förderlich.

Die Gesundheit

Die chinesische Medizin sieht die Ursache von Krankheiten in Blockaden des Energieflusses. Je mehr Sie allmählich zum Herrscher über Ihre seelischen Regungen werden, desto mehr Freude werden Sie empfinden und auf andere ausstrahlen; energetische Blockaden und gesundheitliche Probleme werden sich auflösen.

Chieh – Die Begrenzung

Die Begrenzung führt zum Gelingen.
Bittere Begrenzung sollte keine Dauer haben.
So setzt der edle Mensch das rechte Maß,
Damit er rechte Freiheit erlangt.

Das Leben

Eine Begrenzung definiert erst eine Sache. Ohne Ländergrenzen gäbe es keine Länder, ohne persönliche Grenzen gäbe es keine Persönlichkeit. Entscheidend ist aber, ob die Begrenzung als vorteilhaft oder leidvoll erfahren wird. Man sollte seine eigenen Grenzen kennen und sie erweitern, aber sich auch in sinnvollen Grenzen halten. Eine selbst auferlegte, leidvolle Begrenzung ist nicht vorteilhaft.

Der Beruf/die Finanzen

Es hat wenig Sinn, nach allen Seiten zu expandieren. Eine vernünftige Begrenzung ist weise. Kurzfristige unangenehme Einschränkungen können mitunter notwendig sein; werden sie dauerhaft, befinden Sie sich auf einem schädlichen Irrweg.

Die Liebe

Liebe bedeutet unter anderem auch Rücksichtnehmen auf den anderen. Das ist eine sinnvolle, Glück bringende Begrenzung. Wird aber dieses Rücksichtnehmen von einem oder von beiden Partnern als unangenehm empfunden, so ist die Beziehung zum Scheitern verurteilt – es hat dann keinen Sinn mehr, sie künstlich bewahren zu wollen. Wirkliche Freiheit bedarf jedoch der sinnvollen Begrenzung.

Die Gesundheit

Sie werden sehr davon profitieren, wenn Sie sich etwas einschränken, ohne deswegen das Genießen – das sehr wichtig für die Gesundheit ist – aufgeben zu müssen. Bittere Medizin ist auf Dauer gesehen schädlich. Das rechte Maß zu finden ist wichtig!

Wer hundertfach begehrt, hat hundertfaches Leid. Wer eines begehrt, hat ein Leid. Wer keines begehrt, hat kein Leid.
Buddha

䷼ Chung Fu – Die Innere Wahrheit

Der edle Mensch ist ohne Voreingenommenheit
Und kommt so der inneren Wahrheit des anderen ganz nahe.
So gewinnt er Einfluss und Gelingen.
Ist die Grundlage Beständigkeit, bleibt die Verbindung fest.

Das Leben

Vorurteile behindern die Wahrnehmung und lassen einen die Dinge, wie sie auch betrachtet werden könnten, nicht erkennen. Um andere Menschen verstehen zu können, müssen wir uns von Vorurteilen trennen – je mehr Vorurteile wir verlieren, desto mehr Einfluss gewinnen wir. Wenn die Vorurteilslosigkeit beibehalten wird, ist der Erfolg von Dauer.

Der Beruf/die Finanzen

Was alle hassen, das sollte man prüfen; was alle lieben, das sollte man prüfen.
Konfuzius,
Lun Yü, XV, 27

Voreingenommenheit ist immer ein Nachteil. Gerade wenn es um Personalentscheidungen oder um Vertrauensfragen in finanziellen Angelegenheiten geht, ist es notwendig, den anderen realistisch einschätzen zu können. Je weniger Vorurteile Sie haben, desto besser wird Ihnen das gelingen, desto mehr Erfolg werden Sie haben und desto einflussreicher werden Sie sein. Beständigkeit ist äußerst wichtig.

Die Liebe

Wahre Liebe kann nur auf dem Verständnis für den Partner beruhen. Illusionen über den anderen sind eine Form der Voreingenommenheit, aber keine Liebe. Nehmen Sie Ihren Partner so, wie er ist; auf diese Weise kommen Sie ihm wirklich nahe.

Die Gesundheit

Es gibt mancherlei Streit zwischen verschiedenen Gesundheitslehren. Aus keiner dieser Streitereien entwickelt sich jedoch etwas Positives, da gegenseitige Voreingenommenheit herrscht. Befreien Sie sich davon, und spüren Sie dem wahren Kern jedes Ratschlages und jeder Lehre nach. Vertrauen Sie ganz einfach Ihrer Intuition.

Siao Go – Das Überwiegen des Kleinen

Das Kleine überwiegt und verheißt Gelingen.
Tue kleine Dinge, vermeide große Dinge.
Nach oben zu streben bringt kein Heil –
Weit besser ist es, unten zu bleiben.

Das Leben

Es hat wenig Sinn, nach höheren Zielen im Leben zu streben, solange man die nahe liegenden sieht und nicht erreicht. Meist ist ein zu hoch gestecktes Ziel eine Ausrede dafür, kleine Ziele gering zu achten und gar nicht anzustreben, das heißt letztlich im Stillstand zu verharren. Denken Sie daran: In kleinen Dingen liegt der Erfolg.

Der Beruf/die Finanzen

Zu ehrgeizige Ziele sind nicht Erfolg versprechend. Weitaus besser ist es, wenn Sie sich jetzt darauf konzentrieren, was Sie gut können, und sich in kleinen Dingen vervollkommnen. Ihr Ehrgeiz bringt Sie nicht wirklich voran – Sie müssen dadurch mehr aufgeben, als Sie gewinnen. Wirklich gewinnen Sie nur, wenn Sie den übertriebenen Ehrgeiz aufgeben.

Die Liebe

Die vollkommene Harmonie in einer Partnerschaft anzustreben bedeutet, die Vertrautheit, die kleinen Übereinstimmungen, die alltäglichen Freuden des Zusammenseins gering zu achten oder überhaupt nicht wahrzunehmen. Es ist schön, Harmonie anzustreben – aber das gelingt Ihnen besser mit kleinen Taten. Große Veränderungen werden keine wahre Veränderung bewirken.

Die Gesundheit

Großartige Pläne, Ihr Leben von Grund auf zu ändern, sind früher oder später zum Scheitern verurteilt. Schon kleine Veränderungen jeden Tag können auf Dauer Großes bewirken. Setzen Sie sich nicht zu hohe Ziele, dann werden Sie auch nicht enttäuscht.

Wer wirklich gütig ist, kann nicht unglücklich sein; wer wirklich weise ist, nicht verlegen; wer wirklich entschlossen ist, nicht ängstlich.
Konfuzius,
Lun Yü, XIV, 30

77

☷☲ Chi Chi – Nach der Vollendung

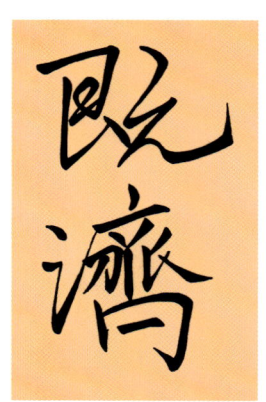

Im Anfang liegt Gelingen,
Doch im Ende Verwirrung.
Dem Kleinen ist Erfolg bestimmt.
Beharrlichkeit ist förderlich.

Das Leben

Der Anfang ist wichtig – was Sie positiv beginnen, werden Sie trotz Schwierigkeiten, die gegen Ende auftreten können, gut zu Ende bringen. Um die zunehmenden Verwirrungen und Komplikationen zu vermeiden, ist es unbedingt notwendig, in kleinen Schritten voranzugehen, aber dabei beharrlich und zielstrebig zu bleiben.

Der Beruf/die Finanzen

Man kann einen Menschen wohl auf den rechten Weg bringen, doch man kann ihn nicht zwingen, darauf zu bleiben.
Konfuzius,
Lun Yü, VIII, 9

Der Plan für Ihren beruflichen und finanziellen Erfolg ist im Prinzip gut, doch er bringt es mit sich, dass die Lage im Laufe der Zeit immer verworrener und unübersichtlicher wird – achten Sie daher vor allem auf einen guten Anfang. Es ist auch sinnvoll, nicht zu weit vorauszuplanen, sondern konstant in kleinen Abschnitten.

Die Liebe

Wenn der Anfang einer Beziehung gut ist und schnell Vertrautheit zustande kommt, wird die Liebe beständig sein. Wenn schon der Anfang unklar ist, bringt die Zeit noch mehr Verwirrung – auch wenn es zu einer Übereinkunft gekommen zu sein scheint, ist die Liebe problematisch. Kleine Aufmerksamkeiten lohnen sich.

Die Gesundheit

Jede Krankheit kann am besten behandelt werden, wenn man schon bei den ersten Anzeichen – oder noch besser vorher – handelt. Einfache, unspektakuläre Maßnahmen werden dann am ehesten Erfolg haben. Warten Sie jedoch zu lange, wird der Krankheitsverlauf durch Komplikationen erschwert. Geduld zahlt sich aus.

Wei Chi – Vor der Vollendung

Der Vollendung ist Erfolg beschieden.
Der edle Mensch lässt Vorsicht walten in der Unterscheidung,
Damit alles auf den rechten Platz gelangt
Und am Ende nicht doch alles vergeblich ist.

Das Leben

Was Sie zum Abschluss bringen, verheißt Glück. Überlegen Sie genau, was sich zu beginnen lohnt. Wenn Sie etwas unüberlegt beginnen und es dann aufgeben, ist der Schaden bereits angerichtet. Handeln Sie in Übereinstimmung mit Ihrem Lebensplan.

Der Beruf/die Finanzen

Hüten Sie sich vor unausgegorenen Plänen und Unternehmungen, die nur Ihre Energien vergeuden. Planen Sie vorsichtig, und führen Sie die Dinge, die Sie einmal begonnen haben, zur Vollendung, auch wenn es Ihnen etwas schwer fällt und Sie lieber neue Pläne schmieden würden. Haben Sie etwas zu Ende gebracht und ihm den rechten Platz in Ihrem Leben zugewiesen, verheißt dies viel Glück und Erfolg.

Wer nicht über das weit Entfernte nachdenkt, dem wird schon bald Schlimmeres nahe sein.
Konfuzius,
Lun Yü, XV, 11

Die Liebe

Es ist nicht ratsam, mit der Liebe zu experimentieren und mit Gefühlen zu spielen. Natürlich kann nicht jede Beziehung von Dauer sein – aber es ist sinnvoll, vorher genau zu differenzieren. Eine Beziehung zu vollenden, ihr also eine Form zu geben, der beide Partner voll und ganz zustimmen können, verheißt Glück.

Die Gesundheit

Nicht nur bei Antibiotika ist es ungut, eine Behandlung nicht konsequent durchzuführen. Die Entscheidung für oder gegen eine bestimmte Behandlungsform oder Lebensweise sollte vor Beginn erfolgen. Was Sie aber begonnen haben, sollten Sie unbedingt durchhalten, denn sonst wird Ihre Mühe vergebens sein.

I Ging für Fortgeschrittene

Das einfache Münzorakel, das ich Ihnen im ersten Teil des Buches vorgestellt habe, ist für die spielerische, alltägliche Befragung des I Ging durchaus nützlich. Wenn Sie das I Ging auf diese Art und Weise verwenden, werden Ihnen die Antworten, die Ihnen das I Ging geben konnte, vielleicht interessante Einsichten und Hilfestellungen vermittelt und Sie mit erstaunlich zutreffenden Aussagen überrascht haben.

Die tiefere Bedeutung des I Ging erschließt sich, wenn man nicht nur die Orakelsprüche, sondern auch die Wandlungen berücksichtigt.

Das I Ging hat über die Jahrtausende auf so verschiedene Menschen, die in so verschiedenen Zeiten und Kulturen lebten wie Konfuzius und Lao Tse, Gottfried Wilhelm Leibniz, Carl Gustav Jung oder Hermann Hesse, eine enorme Anziehungskraft ausgeübt und sie zu den großartigsten Gedankengebäuden und literarischen Werken angeregt. Aber ist die unbestreitbare Anziehungskraft des I Ging durch die Erklärung des einfachen Münzorakels bereits verständlich geworden? Ich glaube nicht, denn die Tiefe des I Ging lässt sich erst dann voll ausloten, wenn Sie die Beweglichkeit der Bilder, die eigentlichen »Wandlungen«, erkennen und die Bedeutung der Position, d.h. die Stellung der Trigramme im jeweiligen Bild, auslegen können.

Wenn Sie intensiver mit dem I Ging arbeiten wollen, so werden Sie nicht mehr mit dem einfachen Münzorakel auskommen, sondern zumindest auf das traditionelle Münzorakel zurückgreifen oder sich gleich die alte Methode mit dem Schafgarbenorakel aneignen wollen. Mit beiden Formen, die ich Ihnen im Folgenden vorstellen möchte, können Sie nicht nur das Bild ermitteln, sondern darüber hinaus auch feststellen, welche Linien »beweglich« und welche »fest« sind – daraus ergeben sich dann wiederum viele weitere interessante Einsichten, die verständlich machen, weshalb das »Buch der Wandlungen« seinen Namen trägt.

Im letzten Kapitel dieses Buches werden Sie dann auch noch erfahren, wie Sie die Bilder anhand der Bedeutung und der Position der Trigramme selbst interpretieren können.

Das Schafgarbenorakel

Die Schafgarbe (Achillea millefolium) ist eine mehrjährige, krautige Pflanze aus der Familie der Korbblütler. Sie ist in Europa und Asien weit verbreitet und findet sich sehr häufig auf Wiesen und an Straßenrändern. Der aufrechte Stängel der Schafgarbe wird etwa 60 bis 90 Zentimeter hoch. Für die Schafgarbe charakteristisch sind die kammartigen, gefiederten Blätter mit feinen Blattzipfeln. Die Blüten sind klein und weiß; die häufig in Gärten kultivierten Pflanzen mit gelben, rosa oder roten Blüten werden häufig ebenfalls als Schafgarben bezeichnet, sind aber Gold- bzw. Edelgarben. Die Schafgarbe galt schon immer als heilige Pflanze; wohl auch deshalb, weil die in den Pflanzen enthaltenen ätherischen Öle gegen mancherlei Krankheiten, insbesondere gegen Erkältungskrankheiten und Arthritis, helfen. Die Schafgarbe war aber auch schon vor Urzeiten ein Kraut, das mit der Kunst der Weissagung in Verbindung gebracht wurde.

Das Werfen von 50 Schafgarbenstängeln ist die älteste und traditionsreichste Methode, das Orakel zu nehmen.

Das Orakelnehmen mit Schafgarbenstängeln ist relativ kompliziert – eine Methode, die Zufall (oder Schicksal) und exaktes, fast mathematisches Vorgehen miteinander verbindet. Die Methode ist zwar nicht ganz einfach zu verstehen, aber ich werde sie Ihnen nun Schritt für Schritt vorstellen. Wenn Sie

Die Schafgarbe gilt seit sehr langer Zeit als heilige Pflanze und wird schon ebenso lange mit Weissagungen in Verbindung gebracht.

die einzelnen Schritte befolgen, können Sie eigentlich gar nichts verkehrt machen.

Zuerst einmal müssen Sie sich aber natürlich Schafgarbenstängel besorgen. Wie gesagt wächst die Schafgarbe praktisch überall, so dass Sie sich Ihre Schafgarbenstängel ohne Weiteres selbst schneiden können. Es gibt sie aber auch häufig in China- oder Asienläden zu kaufen. Wenn Sie nicht ganz so viel Wert auf die traditionelle Methode legen, können Sie auch andere Pflanzenstängel verwenden.

① *Bilden Sie aus 49 Stängeln zwei zufällig große Haufen.*

②/③ *Bei den Schritten 2 und 3 kommt es aufs Zählen an.*

④ *Übrige Stängel kommen zwischen Ring- und Mittelfinger.*

⑤ *Verfahren Sie mit dem rechten Stapel wie bei Schritt 3.*

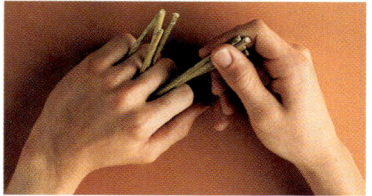

⑥ *Diese Stängel kommen zwischen Mittel- und Zeigefinger.*

⑦ *Legen Sie nun die gesamten Stängel der linken Hand ab.*

Für das Orakel benötigen Sie 50 Schafgarbenstängel. Sie können beginnen, indem Sie in Stille über Ihre Frage meditieren und dann das Orakel nehmen:

1. Legen Sie von den 50 Schafgarbenstängeln einen weg (dieser wird überhaupt nicht mehr verwendet), und bilden Sie aus den 49 übrigen zwei zufällig große Haufen – hier kommt das Schicksalselement ins Spiel. Legen Sie einen Haufen rechts neben sich, den anderen links.

2. Nehmen Sie einen Stängel von dem rechten Haufen, und stecken Sie ihn zwischen kleinen Finger und Ringfinger der linken Hand.

3. Nehmen Sie den linken Haufen in die linke Hand, und nehmen Sie davon mit der rechten Hand so lange jeweils vier Stängel weg, bis Sie nur noch vier oder weniger Stängel in der linken Hand halten.

4. Stecken Sie diese übrig gebliebenen Stängel zwischen Ring- und Mittelfinger Ihrer linken Hand.

5. Nehmen Sie nun den rechten Haufen in die linke Hand, und nehmen Sie wiederum so lange jeweils vier Stängel weg und legen Sie sie vor sich ab, bis Sie vier oder weniger Stängel in der linken Hand halten.

6. Diesen Rest stecken Sie zwischen Zeige- und Mittelfinger der linken Hand.

7. Sie halten nun entweder neun oder fünf Stängel zwischen den Fingern der linken Hand. Legen Sie diese Stängel hinter sich ab.

8. Aus den übrigen Stängeln (den Vierergruppen, die Sie zuvor weggenommen haben) bilden Sie zwei neue Haufen, von denen Sie wieder einen rechts und den anderen links ablegen.

9. Nehmen Sie einen Stängel von dem rechten Haufen, und stecken Sie ihn zwischen kleinen Finger und Ringfinger der linken Hand.

10. Nehmen Sie den linken Haufen in die linke Hand, und nehmen Sie davon mit der rechten Hand so lange jeweils vier Stängel weg, bis Sie nur noch vier oder weniger Stängel in der linken Hand halten.

11. Stecken Sie diese übrig gebliebenen Stängel zwischen Ring- und Mittelfinger Ihrer linken Hand.

12. Nehmen Sie nun den rechten Haufen in die linke Hand, und nehmen Sie wiederum jeweils vier Stängel fort, bis Sie vier oder weniger Stängel in der linken Hand halten.

13. Diesen Rest stecken Sie zwischen Zeige- und Mittelfinger der linken Hand.

Für das Schafgarbenorakel sollten Sie sich genügend Zeit nehmen: Sie benötigen mindestens eine halbe Stunde, um das Orakel mit den Schafgarben zu befragen.

14. Sie halten nun entweder acht oder vier Stängel zwischen den Fingern Ihrer linken Hand. Legen Sie diese Stängel zu denen, die Sie beim vorigen Durchgang hinter sich abgelegt haben.

15. Ein weiteres Mal bilden Sie aus dem Rest der Stängel zwei gleich große Haufen, legen sie rechts und links von sich ab, nehmen einen Stängel vom rechten Haufen und stecken ihn zwischen kleinen Finger und Ringfinger.

16. Sie verfahren wie zuvor, indem Sie den linken Haufen in die linke Hand nehmen, davon jeweils vier Stängel wegnehmen, bis Sie nur noch vier oder weniger Stängel in der linken Hand halten. Diese übrig gebliebenen Stängel stecken Sie zwischen Ring- und Mittelfinger Ihrer linken Hand.

17. Dann nehmen Sie auch wieder den rechten Haufen in die linke Hand und entfernen jeweils vier Stängel, bis Sie vier oder weniger Stängel in der linken Hand halten, die Sie zwischen Zeige- und Mittelfinger Ihrer linken Hand stecken.

18. Sie halten nun wiederum entweder acht oder vier Stängel zwischen den Fingern Ihrer linken Hand. Legen Sie diese Stängel ebenfalls zu denen, die Sie bei den vorherigen Durchgängen hinter sich abgelegt haben.

19. Nun zählen Sie die Stängel, die hinter Ihnen liegen.

Das Schafgarbenorakel wirkt auf den ersten Blick etwas kompliziert, doch es bedarf nur wenig Übung, um es zu meistern.

Ist die Summe 12: Bewegliches Yang ——— **0**

Ist die Summe 21: Unbewegtes Yang ———

Ist die Summe 25: Bewegliches Yin — — **x**

Ist die Summe 17: Unbewegtes Yin — —

Sie haben nun die unterste Linie des Zeichens gefunden. Führen Sie nun die gesamte oben beschriebene Prozedur noch weitere fünfmal durch, bis Sie das ganze Bild mit seinen sechs Linien ermittelt haben. Im Gegensatz zu dem vereinfachten Münzorakel (das auf westliche Gewohnheiten abgestimmt wurde und das in China nicht angewandt wird) gibt die traditionelle Methode alle Nuancen des I Ging-Orakels wieder, indem es Ihnen zeigt, welche Linien beweglich sind und damit für die Deutung wichtig werden, und welche unbewegt sind und damit das »Füllmaterial« oder den »Hintergrund« des Bildes darstellen.

Gleich kommen wir darauf zu sprechen, wie die Wandlungen (die durch die beweglichen Linien entstehen) zu interpretieren sind. Zuvor möchte ich Ihnen jedoch noch eine abgekürzte Form des traditionellen Schafgarbenorakels vorstellen, die auch in China durchaus gebräuchlich ist und die zwar mit Münzen durchgeführt wird, Ihnen aber ebenfalls alle Informationen über die Beweglichkeit, bzw. Unbeweglichkeit der Linien gibt.

Das traditionelle Münzorakel

Das traditionelle Münzorakel hat gegenüber dem Schafgarbenorakel eigentlich keinerlei Nachteile, was das Ergebnis betrifft. Die komplizierte Art und Weise des Orakelnehmens beim Schafgarbenorakel hat lediglich den Vorteil, dass sie die erstrebenswerte meditative Haltung fördert und dass die rituelle Form die Ernsthaftigkeit betont.

Für das Münzorakel benötigen Sie drei Münzen. Sie können natürlich beliebige Münzen verwenden – aber wenn Sie besonderen Respekt vor der Tradition beweisen wollen, besorgen Sie sich drei alte chinesische Kupfermünzen, die in der Mitte ein Loch haben und auf einer Seite chinesische Schriftzeichen zeigen.

Sie werfen die drei Münzen gleichzeitig – jeder Wurf ergibt eine Linie. Die Seite mit den Schriftzeichen ★ gilt als Yin, die Rückseite ☯ als Yang. (Entsprechend bei europäischen Münzen: Zahl ist Yin, Bild ist Yang.) Aus den verschiedenen Kombinationen von Yin und Yang ergibt sich dann der Charakter der Linie.

Das Werfen der Münzen auf traditionelle Art und Weise bringt dasselbe Ergebnis wie das Werfen der Schafgarben, ist jedoch wesentlich einfacher.

☯ ☯ ☯	Bewegliches Yang	——— 0
☯ ★ ★	Unbewegtes Yang	———
★ ★ ★	Bewegliches Yin	— — x
★ ☯ ☯	Unbewegtes Yin	— —

Um das Bild mit seinen sechs Linien zu ermitteln, müssen Sie die drei Münzen sechsmal werfen. Denken Sie daran, dass das Bild von unten nach oben aufgebaut wird. Nehmen wir an, Sie haben die Münzen sechsmal geworfen.

1. Wurf: ☯ ★ ★   4. Wurf: ★ ★ ★
2. Wurf: ★ ☯ ☯   5. Wurf: ★ ☯ ☯
3. Wurf: ☯ ☯ ☯   6. Wurf: ☯ ★ ★

Das Bild, das sich daraus ergibt, sieht dann so aus:

Jetzt ist es aber an der Zeit, Sie über die Bedeutung der beweglichen Linien aufzuklären.

Die Wandlungen

Die beweglichen Linien weisen auf die Wandlungen, also die Folgen und Konsequenzen hin, die das Orakel beinhaltet.

Die beweglichen Linien deuten eine Veränderung an: Eine bewegliche Yang-Linie wird zu einer Yin-Linie, eine bewegliche Yin-Linie wird zu einer Yang-Linie. Die beweglichen Linien verändern also das Bild – die sich daraus ergebenden Bilder kommen ebenfalls für eine Deutung des Orakels in Betracht.

Das erste Zeichen bezieht sich auf den Ausgangspunkt, auf die Gegenwart, auf die unmittelbare Situation, während das oder die Folgezeichen Konsequenzen, Hintergründe und tiefere Überlegungen betreffen.

Das mag im Moment vielleicht noch etwas kompliziert für Sie klingen, aber Sie werden gleich anhand eines Beispiels sehen, dass es – zumindest theoretisch – sehr viel einfacher ist. Greifen wir zur Demonstration das Bild aus dem vorigen Beispiel auf, bei dem das Bild durch den sechsmaligen Wurf dreier Münzen gefunden wurde:

Der Name dieses Bildes ist Shih Ho (Das Durchbeißen). Dieses Bild wäre als erstes zu interpretieren; Sie lesen also das Urteil und die Kommentare zu diesem Bild zuerst – dies sind die unmittelbaren Antworten des Orakels auf

Ihre Frage. Die Antwort des Orakel ist damit jedoch noch nicht erschöpft; das wäre dann der Fall, wenn alle sechs Linien unbewegt wären. Sie haben jedoch zwei veränderliche Linien. Es kommen für tiefer schürfende Überlegungen also drei weitere Bilder in Betracht: Die dritte oder die vierte Linie können sich verändern, oder beide zusammen. Sie würden also bei folgenden Bildern nachschlagen:

I (Die Ernährung)   *Li (Das Feuer)*   *P'i (Die Anmut)*

Bei den Urteilen und den Erläuterungen zu diesen Bildern könnten Sie dann weitere Anregungen, Gedanken und Ratschläge finden.

Die Wandlungen zu berücksichtigen ist also, wie Sie sehen, nicht besonders problematisch und erweitert die Möglichkeiten, die Ihnen das I Ging bietet, ganz beträchtlich.

Zum Abschluss dieses Buches wollen wir uns mit der »hohen Schule« des I Ging beschäftigen, indem wir uns nun nicht mehr ausschließlich auf die Urteile und Kommentare verlassen, sondern versuchen, zu den Bildern selbst vorzudringen und sie zu deuten. Das bedarf natürlich einiger Erfahrung mit dem I Ging und selbstverständlich auch eines besonderen Interesses für die Sache, das natürlich Übung und Geduld erfordert.

Für diejenigen, die es dennoch wagen möchten, sich tiefer mit dem I Ging auseinander zu setzen, möchte ich im Folgenden kurz die Bedeutung der acht Trigramme und ihrer Positionen darstellen. Wem das immer noch nicht genug ist, der sei auf die zahlreiche weiterführende Literatur im Anhang verwiesen.

Durch die veränderlichen Linien, die zu den Wandlungen führen, werden die Aussagekraft und die Möglichkeiten des Orakels enorm erweitert.

Die Deutung der Bilder

»Den Wandlungen liegt die Ur-Einheit zugrunde. Aus dieser wurden Yin und Yang geboren. Aus Yin und Yang wurden die vier Richtungen geboren.

Aus den vier Richtungen entstanden die acht Zeichen. Die acht Zeichen bestimmen über Heil und Unheil. Um die Verwirrung zu lösen, die der Mannigfaltigkeit entspricht, um das Geheime zu ergründen, um das Tiefe auszuloten, um die Weite zu beeinflussen, gibt es nichts, was das Orakel überträfe«, lesen wir im Tai chuan, der »Großen Abhandlung«, die das I Ging kommentiert. Die acht Zeichen, von denen hier die Rede ist, sind die acht Trigramme, die die Grundlage des I Ging bilden. Jedes der 64 Bilder des Orakels setzt sich aus zwei dieser acht Zeichen zusammen (oder aus zweimal dem gleichen Zeichen). Die Zeichen haben alle ihre eigene Bedeutung; aus der Kombination der Bedeutung beider Zeichen entsteht dann die Bedeutung der Bilder. Dabei kommt es auch darauf an, welches Zeichen oben und welches unten steht; doch zunächst wollen wir uns der Bedeutung der acht Zeichen (Trigramme) nähern. Die Worte sind bei den folgenden Deutungen lediglich als ein Hilfsmittel für die Intuition zu verstehen und nicht immer wortwörtlich anzuwenden. Das Deuten eines Bildes geht über einen rein mechanischen Vorgang weit hinaus – die Deutung ist nicht so sehr eine Wissenschaft, sondern weitaus eher eine Kunst.

Die acht Zeichen aus jeweils drei Linien, die Trigramme, tragen eigene Bedeutungen, die für die Interpretation des Orakels wichtig sind.

Kien ☰

Beim Zeichen Kien sind alle drei Linien fest. Es drückt damit das reine Yang-Prinzip aus. Seine Hauptwirkung ist schöpferisch, kreativ und gestaltend. Tritt das Zeichen in einem Bild auf, so geht es um den Umgang mit neuen Erfahrungen.

Die zugehörige Naturkraft ist der Himmel, der für das Göttliche, Edle, Überbewusste steht. Innerhalb eines Bildes weist Kien daher auf große Ereignisse hin, die über das rationale Begreifen hinausgehen und dem Zugriff des Menschen weitgehend entzogen sind. Die Eigenschaft von Kien ist Stärke. Im Bild weist Kien auf die besondere Bedeutung eines starken Willens hin oder erhöht die Bedeutung der kommenden Ereignisse.

Innerhalb der Familie entspricht Kien dem Vater; das heißt, um in den von C. G. Jung entwickelten Begriffen zu sprechen, dem Archetypus des Vaters – also der Person, die die Macht in der Familie innehat und die somit die Geschicke der anderen lenkt. Innerhalb eines Bildes weist Kien auf eine Machtproblematik hin.

Sun ☴

Beim Zeichen Sun ist die unterste Linie entscheidend und führt dazu, dass das Zeichen Yin, d. h. weiblich ist.

Seine Hauptwirkung ist sanft. Das Zeichen innerhalb eines Bildes weist auf einen sanften, kaum merklichen und sich erst allmählich bemerkbaren Einfluss hin. Die Naturkraft, die dem Zeichen Sun zugeordnet wird, ist der Wind. Der Wind bringt auf sanfte Weise Neues und steht daher innerhalb eines Bildes für sanfte Veränderung. Die Haupteigenschaft von Sun ist die Durchdringung. Es geht darum, dass etwas unmerklich eindringt; etwas, das kaum aufzuhalten ist, obwohl es nicht mit Gewalt vorgeht.

In der Familie steht Sun für die erste Tochter, die gegenüber den jüngeren Geschwistern die Mutterstelle vertreten kann. Sie ist diejenige, die sanft, aber bestimmt wirkt.

Li ☲

Auch das Zeichen Li ist, da eine Yin-Linie die Einheit durchbricht, ein Yin-Zeichen.

Die Hauptwirkung des Zeichens ist leuchtend – d. h., es wirkt erhellend und wirft ein helles Licht auf die Ereignisse.

Feuer ist die Naturkraft, die mit Li assoziiert ist. Das Feuer steht für starke Gefühle, z. B. Liebe, Hass, Begeisterung. Innerhalb eines Bildes steht Li daher für starke emotionale Bewegungen

Die wichtigste Eigenschaft von Li ist Ruhm. In einem Bild weist Li auf eine starke Wirkung nach außen hin.

In der Familie ist Li die zweite Tochter, diejenige, die weniger Verantwortung trägt, aber auch nicht verwöhnt wird. Innerhalb eines Bildes ist Li daher das »wilde« Mädchen, das Weibliche, das sich nicht unterwirft.

Jedem der acht Trigramme wird eine Wirkung, eine Naturkraft, eine Eigenschaft und eine Familienstellung symbolisch zugeordnet.

Tui ☱

Wie bei den beiden vorausgegangenen Zeichen Sun und Li, so entscheidet auch beim Zeichen Tui die Yin-Linie darüber, dass das Zeichen insgesamt Yin, d. h. weiblich ist. Die Hauptwirkung von Tui ist heiter. In einem Bild weist Tui auf eine positive innere Entwicklung hin.

In der Natur ist der See dem Zeichen Tui zugeordnet. Der See ist heiter und still, er spiegelt wider, was auf ihn fällt. Innerhalb eines Bildes steht der See für Reflexion, Meditation und Selbstfindung.

Die Eigenschaft von Tui ist die Lust. Tui steht damit für Sinnlichkeit, Genuss, Sexualität und Ekstase.

In der Familie entspricht Tui der dritten Tochter, die am meisten Liebe erfährt und am wenigsten auf die Suche nach Liebe angewiesen ist.

Ken ☶

Ken ist ein männliches, ein Yang-Zeichen, da eine Yang-Linie das Yin aus dem Gleichgewicht bringt.

Die Hauptwirkung von Ken ist ruhend. In einem Bild weist Ken auf die Bedeutung von Beharrlichkeit und Geduld hin.

In der Natur ist der Berg dem Zeichen Ken zugeordnet. Der Berg steht unbeirrbar und unbesiegbar. Nur die Zeit kann ihn verändern, von allem anderen bleibt er unberührt. Ken steht also für Gelassenheit und Unangreifbarkeit, aber auch für Weltabgewandtheit.

Die Haupteigenschaft von Ken ist Stille. Im Bild deutet Ken an, dass es nicht gut ist, zu aktiv zu werden.

In der Familie entspricht das Zeichen Ken dem dritten Sohn, der unerwartet kommt und unerwartete Freude bringt.

> **Die symbolischen Qualitäten der Trigramme sind nicht wörtlich zu verstehen, sondern sollen ein geistiges Bild entstehen lassen.**

K'an ☵

K'an ist ebenfalls ein Yang-Zeichen – die Yang-Linie ist entscheidend.

Die Hauptwirkung des Zeichens ist abgründig. Taucht dieses Zeichen in einem Bild auf, weist es auf eine Situation hin, die nicht ohne weiteres auszuloten ist und die genauer Überlegung bedarf.

In der Natur entspricht das Wasser dem Zeichen K'an. Das Wasser hat eine große Kraft und ist unbesiegbar. Es nimmt seinen Weg unaufhaltsam und ist dabei vollkommen anpassungsfähig.

Die Haupteigenschaft des Zeichens K'an ist Gefahr. In einem Bild warnt das Zeichen vor unbedachten Handlungen und mahnt zur Vorsicht.

In der Familie entspricht das Zeichen dem zweiten Sohn, der nicht das Erbe antritt, sondern ganz und gar auf sein eigenes Bemühen angewiesen ist.

Chen ☳

Chen ist ein weiteres Yang-Zeichen.

Seine Hauptwirkung ist bewegend. Das Zeichen weist auf eine deutliche Veränderung der Situation hin. Die Naturkräfte, die mit dem Zeichen assoziiert sind, sind der Donner oder das Holz. Der Donner ruft zunächst Erschrecken und Bewegung hervor, richtet aber keinen Schaden an.

Die Haupteigenschaft von Chen ist Energie. Im Bild ist Chen ein Hinweis auf unerwartet wirksam werdende Kräfte.

In der Familie entspricht das Zeichen dem ältesten Sohn, der die Nachfolge antritt – doch dazu muss erst der Vater sterben. Im Bild steht Chen daher für einen Menschen, der sich mit großer Energie gegen Autoritäten durchsetzt.

K'un ☷

Beim Zeichen K'un sind die drei Linien durchbrochen, also Yin. Damit steht dieses Zeichen für das vollkommene Yin-Prinzip.

Die Hauptwirkung von K'un ist hingebend. Es weist im Bild auf die Notwendigkeit hin, sich für neue Eindrücke zu öffnen.

Versuchen Sie ohne Scheu, das Orakel anhand der Trigramme selbst zu deuten, nachdem Sie deren Bedeutungen erfasst haben.

Zeichen	Name	Wirkung	Natur	Eigenschaft	Familie
☰	Kien	schöpferisch	Himmel	Stärke	Vater
☴	Sun	sanft	Wind	Durchdringung	1. Tochter
☲	Li	leuchtend	Feuer	Ruhm	2. Tochter
☱	Tui	heiter	See	Lust	3. Tochter
☶	Ken	ruhend	Berg	Stille	3. Sohn
☵	K'an	abgründig	Wasser	Gefahr	2. Sohn
☳	Chen	bewegend	Donner	Energie	1. Sohn
☷	K'un	hingebend	Erde	Nachgiebigkeit	Mutter

In der Natur steht K'un für die Erde – das fruchtbare Element, aus dem alles Leben entspringt und zu dem es zurückkehrt. Im Bild steht K'un für die Notwendigkeiten des Lebendigen, für Fruchtbarkeit und Verlässlichkeit.

Die Haupteigenschaft ist Nachgiebigkeit. Im Bild deutet K'un an, dass im Nachgeben Stärke und Erfolg liegen. In der Familie entspricht das Zeichen der Mutter, die Leben gibt, nährt und sorgt. Im Bild ist K'un das Nährende, geduldig Tragende und Aufnehmende.

Die Position

Um die Bilder aus den Zeichen interpretieren zu können, ist es wichtig, die Position der Trigramme zueinander zu beachten. Es macht einen beträchtlichen Unterschied, ob ein Trigramm oben oder unten im Bild steht. Betrachten Sie beispielsweise die beiden folgenden Bilder:

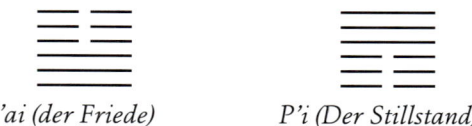

T'ai (der Friede)   *P'i (Der Stillstand)*

Das obere Trigramm bestimmt die vordergründige Bedeutung, während das untere Trigramm dominant im Hintergrund wirkt.

Diese beiden Bilder unterscheiden sich lediglich durch die Position der Trigramme. Beide sind aus den Zeichen Kien und K'un aufgebaut – beide Male treffen das Schöpferische und das Empfangende aufeinander. Der Unterschied in der Deutung der Bilder ist jedoch gewaltig: Während bei dem Bild des Friedens die Harmonie und die positive Wechselwirkung im Vordergrund stehen, heben sich beim Bild des Stillstandes die gegensätzlichen Kräfte gegenseitig auf und blockieren sich, so dass eine eher ungünstige Situation besteht.

Das kommt daher, dass bei T'ai das Starke, nach Höherem strebende, Machtvolle im Hintergrund steht und seine Wirkung zusammen mit dem Nachgiebigen, Empfangenden voll zur Entfaltung bringt – beide Kräfte ergänzen sich ideal. Bei P'i dagegen steht das Nachgiebige im Hintergrund, während sich das Starke lediglich äußerlich zeigt.

Nun ist Ihnen anhand des Beispiels das Prinzip klar geworden: Es kommt darauf an, in welchem Verhältnis die beiden Trigramme zueinander stehen, welches dominiert, welches im Vordergrund, welches im Hintergrund steht, welches nach vorne strebt, welches nachgibt, welches innerlich und welches äußerlich wirkt.

Das obere Zeichen wirkt äußerlich, nachgiebig, oberflächlich, im Vordergrund, gehend. Das untere Zeichen wirkt innerlich, dominant, tief greifend, im Hintergrund, nach vorne strebend. Daraus ergibt sich, dass das untere Zeichen die Hauptwirkung auf das Bild ausübt, während das obere Zeichen zumeist modifizierend wirkt.

Das I Ging beinhaltet so viel, dass Sie stets etwas Neues darin entdecken können. Sie können sogar Ihr gesamtes Leben dem Studium des I Ging widmen, wie es Konfuzius tat, und daraus Zufriedenheit und Erkenntnis schöpfen. Sie können es aber auch spielerisch in Ihr Leben integrieren und Inspiration, Anregung und Freude darin finden – das ist vielleicht der Weg, den Lao Tse, der große Weise, dem gelehrten Studium, wie Konfuzius es pflegte, vorgezogen hätte.

Wenn Sie regelmäßig mit dem I Ging arbeiten, üben Sie Ihren Geist, Ihre Seele, stärken die Kraft Ihrer Intuition, nehmen Kontakt zu Ihrem Unterbewusstsein auf und beginnen zunehmend, die Zusammenhänge in Ihrem Schicksal zu verstehen. In jedem Fall wird die Beschäftigung mit dem I Ging Ihr Leben bereichern und vertiefen können. Nach einiger Zeit der praktischen Erfahrung mit dem I Ging werden Sie sicher Wayne McEvilley zustimmen, der in einem Buch über östliche und westliche Philosophie schreibt: »In der heutigen Zeit muss es fast als ein unentschuldbares Versäumnis im geistigen Leben eines Menschen gelten, wenn es nicht Kenntnis genommen hat vom Buch der Wandlungen.«

Zum Abschluss möchte ich Ihnen noch ein paar Zeilen aus dem Tai Chuan, der »Großen Abhandlung«, mit auf den Weg geben:

»Das I Ging hat das vierfache Tao der Heiligen und Weisen. Die Rede folge den Urteilen, das Handeln richte sich nach den Wandlungen, die Arbeit richte sich nach den Bildern, das Orakelnehmen richte sich nach den Schriften. Daher befragt der Edle das I Ging, wenn er etwas zu tun gedenkt. Es nimmt seine Worte auf wie das Echo. Nichts Fernes gibt es und nichts Nahes – es gilt dasselbe: Daher erlangt er Kenntnis des Kommenden. Wenn nun das Buch nicht den höchsten Geist in sich trüge – wie könnte es das vollbringen?«

Das I Ging kann Sie inspirieren und Ihnen Hilfestellung geben – und je mehr Sie sich damit beschäftigen, desto interessanter wird es werden.

Literatur

Cleary, Thomas: Das Tao des I Ging. O.W. Barth, München 1989.

Dalvit, Matthias: Geburts-I Ging und Astrologie. Diederichs, München 1997.

Feng, Gia-Fu: Yi Jing. Das Buch der Wandlungen. Theseus, Berlin 1991.

Govinda, Anagarika: Die innere Struktur des I Ging. Das Buch der Wandlungen. Aurum, Braunschweig 1993.

Lao Tse: Tao te King. Diederichs, München 1992.

Needham, John: Science and Civilisation in China. Cambridge University Press, Cambridge 1954.

Rowek, Dietrich: Qi Gong und I Ging. Die kostbaren acht Brokatübungen des Qi Gong nach dem altchinesischen Weisheitsbuch. JOY, Stuttgart 1995.

Schwarz, Aljoscha; Schweppe, Ronald: Vom Inneren Wohlstand. Herbig, München 1997.

Schwarz, Aljoscha; Schweppe, Ronald: Tao und Unsterblichkeit. Hugendubel, München 1998.

Schwarz, Aljoscha; Schweppe, Ronald: Tai Chi easy. Humboldt, München 1994.

Schwarz, Aljoscha; Schweppe, Ronald: Qi Gong easy. Humboldt, München 1994.

Shima, Miki: I Ging in der Heilkunst. Ansata, CH-Interlaken 1994.

Wen Kuan Chu; Sherrill, Wallace A.; Kuan Chu Wen: Astrologie des I Ging. Diederichs, München 1996.

Wilhelm, Hellmut: Sinn des I Ging. Diederichs, München 1995.

Wilhelm, Richard: I Ging. Text und Materialien. Diederichs, München 1996.

Xing Shu: Das Chinesische Horoskop. mvg, München 1996.

Über den Autor

Xing Shu, 1943 in Peking geboren, studierte die chinesische und westliche Medizin. Sein Großvater lehrte ihn die Geheimnisse taoistischer Übungen, des Qi Gong, Tai Chi Ch'uan, des I Ging und der chinesischen Astrologie. Aufgrund der Repressalien gegen die Bewahrer der alten Traditionen in China während der so genannten Kulturrevolution wanderte Xing Shu nach dem Tod seines Großvaters 1979 in die USA aus. Heute lebt er als Arzt und Buchautor in San Francisco.

Kalligraphien

Xiu Zhen Kong, Shanghai

Anmerkung der Redaktion

Diesem Buch liegt die im Juli 1996 in Wien beschlossene und ab 1.8.1998 verbindliche Neuregelung der deutschen Rechtschreibung zu Grunde.

Hinweis

Das vorliegende Buch ist sorgfältig erarbeitet worden. Dennoch erfolgen alle Angaben ohne Gewähr. Weder Autor noch Verlag können für eventuelle Schäden, die aus den im Buch gemachten Hinweisen resultieren, eine Haftung übernehmen.

Bildnachweis

AKG, Berlin: 6, 9, 10, 14; Bilderberg, Hamburg: 81 (Eberhard Grames); Transglobe, Hamburg: 13 (Index Stock); Werner Hama, München: U1 (Fond), 1, 82 (6)

Impressum

© 1998 W. Ludwig Buchverlag in der Verlagshaus Goethestraße GmbH & Co. KG, München
Alle Rechte vorbehalten. Nachdruck – auch auszugsweise – nur mit Genehmigung des Verlags.

Redaktion:
Angelika Forster-Walter
Projektleitung:
Berit Hoffmann
Redaktionsleitung:
Dr. Reinhard Pietsch
Bildredaktion:
Sabine Kestler
DTP-Produktion:
Maren Scherer
Umschlag:
Till Eiden
Produktion:
Manfred Metzger
Druck:
Weber Offset, München
Bindung:
R. Oldenbourg, München

Gedruckt auf chlor- und säurearmem Papier
Printed in Germany

ISBN 3-7787-3702-3

Register